KB262974

요한일서

사랑의 능력

JOHN I

도서출판 성빛

들어가는 말

할렐루야!

아름다운 마음을 가진 성도들과 신앙생활을 하면서 기쁨을 나누고, 슬픔도 함께 한 것이 제 삶의 대부분이 되었습니다. 목회 25년 간 숱한 추억들 속에는 하나님 께서 역사하지 않은 부분이 하나도 없음을 깨달아 영광을 하나님께 돌립니다.

사도 요한은 예수님의 제자 중에서 가장 믿음이 있고 사랑이 있고 장수한 제자 입니다. 하나님께서 눈을 열어 주셔서 앞으로 될 일과 천국의 비밀까지 보고 계시 록을 저술하였습니다. 이 사도 요한이 쓴 요한일서 강해 설교집이 이미 '사랑의 능력'이라는 제목으로 나와 있습니다. 이번에는 이 설교집을 토대로 14주 동안의 소그룹 성경공부를 할 수 있도록 공과가 나오게 되었습니다.

소그룹 성경공부는 교회 부흥의 힘이 되며 여러분의 신앙을 균형있게 해줄 것입 니다. 또한 여러분과 하나님과의 관계가 깊어지기도 하고 성도들과의 교제에 있 어서도 아름다운 삶을 가질 수 있습니다.

인도자들은 공과를 충실히 읽고 묵상을 하여서 먼저 말씀에 대한 정리를 한 후 예수님의 심정으로 성도들을 품어야 합니다.

온 교회의 지체로 세워져 있는 부서가 본 공과를 통해 큰 유익이 있을 것입니다. 본 공과를 충실히 공부하는 이들에게 하나님의 큰 사랑의 능력이 임할 줄로 믿습 니다.

|저자 권 태 진|

추천사

예수 그리스도의 신실한 제자요 사랑의 사도였던 요한은 영지주의자들이 그릇됨을 지적하고(2:26), 성도들에게 구원의 확신을 심어주기 위해서 이 서신을 기록했습니다(5:13). 영지주의자들은 영혼이 선하고 육체가 악하다는 이원론 사상에 빠져 그리스도 예수께서 사람의 몸을 입지 않았고, 몸을 입은 것처럼 보였다고 주장했습니다. 사도요한은 이러한 가현설의 위험성을 경고하면서 이단자들의 부도덕함을 지적하고(3:8-10), 무지 가운데 이단사상에 빠지는 일이 없도록 하기 위해 영적인 분별력을 가질 것을 권하였으며, 자신이 친히 그리스도를 친히 목격했다고 말함으로 당시 널리 퍼져있던 이단 사상의 오류를 불식하고 그리스도의 성육신 신앙을 확증하였습니다(1:3)

사도 요한의 교훈을 제대로 알기 위해서는 신학적인 통찰력과 영적인 분별력, 그리고 균형감 있는 신앙적 자세가 요구됩니다. 사도 요한이 이단 사상을 경계하면서도 사랑의 중요성을 역설하고 있기 때문입니다. 거룩함과 진리를 추구하는 자들이 쉽게 빠질 수 있는 유혹은 정죄하는 자리에 들어가는 것입니다. 그러나 사도 요한은 성도들이 진리 편에 서되 정죄하는 자리에 빠지지 말고 사랑 가운데 거하여야 할 것을 잊지 말라고 권하고 있습니다. 신앙의 근본이 되시는 하나님 자신이 사랑이기 때문입니다.

이와 같은 신학적 통찰력과 영적인 분별력이 요구되는 요한일서를 철저한 개혁주의 신학과 복음적인 설교로 명성을 얻고 있는 권태진 목사께서 몇 해 전에 설교집으로 출판하고, 그 설교집에 기초하여 이 번에 소그룹성경공부를 위한 공과로 만들었습니다. 이 책의 특징은 시적인 감각과 영적인 통찰력을 동원하여 저술되었다는 점과 성도들이 신앙적으로 성숙할 뿐만 아니라 균형감을 갖춘 신앙인으로 자라나는 것을 목표로 하여 구성하고 있다는 데 있습니다. 성도들은 이 공과를 사용함으로 바른 신앙이 무엇인지 알 수 있게 될 것이며, 신앙 생활이 무미 건조한 것이 아니라 참으로 풍요하며 은혜가 충만하다는 것을 확인할 수 있게 될 것입니다.

2003년 7월 18일

합동신학대학원 연구실에서
오 덕 교 교수

차 례

소그룹 성경공부의 목적

하나님 아버지께서는 예배하는 자들을 찾으시고, 두세 사람이 아버지 이름으로 모인 곳에 함께 하신다고 하셨습니다. 소그룹 예배는 인도하는 자가 중심이 되어서 찬양 드리며 기도하는 등 믿음의 교제를 함은 물론이고, 믿지 않는 가족이나 이웃에게 전도를 하는 것을 목적으로 합니다.

* 유의할 사항

매주간 어느 한 요일을 정해서 성경공부나 예배드리는 것을 원칙으로 하되, 모임의 사정에 따라서는 조정할 수도 있습니다. 장소와 시간을 미리 정하고 회원들에게 알려주어 방황하지 않도록 합니다. 예배시간은 예배와 친교를 합해서 총 1시간 30분이 넘지 않도록 하는 것이 좋습니다. 그리고 모일 때는 성령이 충만하도록 기도로 미리 준비하고 사담은 줄이는 것이 좋습니다.

* 인도자가 염두에 두어야 할 사항

인도자는 성경 말씀을 부지런히 배우고 신앙생활에 있어서 회원의 본이 되어야 합니다. 하나님이 세우셨다는 것을 믿고 강단을 통하여 들려주는 말씀이 굴절되지 않도록 잘 전하며, 예수님이 교회를 사랑한 것과 같이 회원을 사랑하며 교회에 잘 적응하도록 도와주고 담임목사님과 연결이 잘 될 수 있도록 하며, 성령이 충만해야 하고 온유해야 하며 화목하게 이끌어 가야 합니다.

* 성경공부 예배 순서

　신앙고백이나 기도로 자유스럽게 시작하며 찬송을 하고 회원 중에서 기도를 하고 말씀을 전할 때는 대화식으로 하면 서로의 생각을 나눌 수 있어서 좋습니다. 그리고 연보를 드릴 때는 정성껏 준비된 마음으로 드리고 말씀 중에 나눈 서로의 기도 제목에 대해 서로 기도를 하고 항상 나라와 민족을 위해, 교회 부흥을 위해, 말씀 전하는 기관을 위해, 개인의 영적 부흥을 놓고 기도를 하고 주기도문으로 마치면 좋습니다.

■ 회원들을 놓고 기도하면 사랑이 생깁니다.

- 이 름

- 생 일

- 기도제목

요한일서에 대하여

▌ 이 서신의 저자 : 사도 요한

• 예수님의 수제자 중의 한 사람.

• 예수 그리스도가 십자가를 지는 장소까지 따라 간 사람.

• 예수님의 어머니를 집에 모셔서 공경한 사람.

• 예수님을 부활 전에도 만났고 부활 후에도 만난 사람.

• 예수님의 제자 중에서 가장 장수한 사람.

• 요한복음의 저자이며, 계시록을 하나님으로부터 받아서 기록한 사람.

• 이 서신을 쓴 연대 : 주후 85-95년 경

• 이 서신을 쓴 장소 : 에베소

• 이 서신을 쓴 목적 : 예수님을 믿는 자들에게 구원의 확신을 주기 위해서(5:13)

▌ 이 서신의 수신자 :

에베소 지역에 있는 그리스도를 믿는 모든 자

▌ 각자가 알고 있는 요한일서에 대하여 써 봅시다.

말씀과 생명의 기쁨

요일 1:1-4

(요절) "태초부터 있는 생명의 말씀에 관하여는
우리가 들은 바요 눈으로 본 바요 주목하고
우리 손으로 만진 바라"(1)

찬송 : 194장

본문에 들어가기 전에

⇨ 요한이 이 글을 쓴 목적은 무엇입니까? (4)

⇨ 태초부터 있는 말씀은 어떻다고 표현을 했습니까? (1)

⇨ 보고 들은 말씀을 전해야 하는 이유는 무엇이라고 했습니까? (3)

본문 충실하기

요한은 자신의 글 서론에 '태초'라는 말을 사용했습니다.
"태초에 말씀이 계시니라 이 말씀이 하나님과 함께 계셨으니 이 말씀은 곧 하나님이시니라"(요1:1) 사도 요한이 말하는 태초는 시작이 있다는 것이 아니고 영원한 태초, 즉 무시무종(無始無終)을 가리키는 것입니다. '생명의 말씀'이란 말은 말씀 자체가 생명이란 의미입니다. 말씀(로고스)되신 그리스도께서는 태초부터 하나님과 함께 계셨고 창조사역에 함께 동참하셨으며, 창조 전의 예수 그리스도의 존재를 말하고 있는 것입니다. 또 하나님의 아들의 가치를 표현하고 있습니다.

1. 태초부터 계신 말씀은 실질적인 것입니다.

"태초부터 있는 생명의 말씀에 관하여는 우리가 들은 바요 눈으로 본 바요 주목하고 우리 손으로 만진 바라"(1)

사도 요한은 생명되신 예수 그리스도를 육신의 눈으로 직접 보았고 말씀을 들었고 손으로 만져보았습니다. 부활 전에도 부활 후에도 확실한 목격자였습니다. 사도들의 증거는 명백하고 견고한 반석과 같습니다.

"예수께서 대답하여 가라사대 바요나 시몬아 네가 복이 있도다 이를 네게 알게 한 이는 혈육이 아니요 하늘에 계신 내 아버지시니라 또 내가 네게 이르노니 너는 베드로라 내가 이 반석 위에 내 교회를 세우리니 음부의 권세가 이기지 못하리라"(마16:17-18)

"너희는 사도들과 선지자들의 터 위에 세우심을 입은 자라 그리스도 예수께서 친히 모퉁이 돌이 되셨느니라"(엡2:20)

그리스도께서 실제적이고 눈에 보이시고 삶의 변화를 주심 같이 크리스천의 균형 잡힌 신앙생활은 바른 삶의 능력이 있어야 합니다. 그리스도와 함께 해야 합니다. 어둠에 속한 사람은 빛된 그리스도께 와서 자신을 발견하고 회개하게 될 때 참 만족과 자유를 얻습니다.

2. 예수 그리스도의 생명은 영원한 것입니다.

"이 생명이 나타내신 바 된지라 이 영원한 생명을 우리가 보았고 증거하여 너희에게 전하노니 이는 아버지와 함께 계시다가 우리에게 나타내신 바 된 자니라"(요일1:2)

예수 그리스도는 육신을 입고 오셨습니다. "말씀이 육신이 되어 우리 가운데 거하시매 우리가 그 영광을 보니 아버지의 독생자의 영광이요 은혜와 진리가 충만하더라"(요1:14) 이 말씀 자체가 신비입니다.

"시몬 베드로가 대답하여 가로되 주는 그리스도시요 살아계신 하나님의 아들 이시니이다"(마16:16) 라는 베드로의 고백은 복받은 자의 지식입니다.

이 땅에 존재하면서도 영원한 것이 있고, 영원하지 못한 것이 있습니다. 육체, 명예, 물질, 아름다움은 영원하지 않습니다. 그러나 예수 그리스도 안에 있는 생명은 영원합니다. 영혼, 물질, 수고, 시간도, 영원한 상급에 유익이 있습니다.

3. 예수 그리스도의 오심은 구원과 목적이 있습니다.

"내가 복음을 전할지라도 자랑할 것이 없음은 내가 부득불 할 일임이라 만일 복음을 전하지 아니하면 내게 화가 있을 것임이로라"(고전9:16)

"우리 주 예수 그리스도의 능력과 강림하심을 너희에게 알게 한 것이 공교히 만든 이야기를 좇은 것이 아니요 우리는 그의 크신 위엄을 친히 본 자라 지극히 큰 영광 중에서 이러한 소리가 그에게 나기를 이는 내 사랑하는 아들이요 내 기뻐하는 자라 하실 때에 저가 하나님 아버지께 존귀와 영광을 받으셨느니라 이 소리는 우리가 저와 함께 거룩한 산에 있을 때에 하늘로서 나옴을 들은 것이라 또 우리에게 더 확실한 예언이 있어 어두운데 비취는 등불과 같으니 날이 새어 샛별이 너희 마음에 떠오르기까지 너희가 이것을 주의하는 것이 가하니라"(벧후1:16-19)

복음을 받고 전함으로 "너희로 우리와 사귐이 있게 하려 함이니"라 했습니다. 복음은 생명입니다. 전하는 것은 생명을 주는 것입니다. 아무리 좋은 것을 준다 해도 복음을 대신할 그 무엇은 없습니다. 복음을 전하는 자와 받는 자는 생명적인 관계입니다. 또 받는 사람은 다른 사람에게 전해 주어야 합니다. "그 아들 예수 그리스도와 함께 함이니라" 성도가 함께 모여 예배드리며 신앙으로 교제하는 곳에 아버지와 예수 그리스도가 함께 하십니다. 지금 우리와 함께 하십니다. 우리와 함께 하심으로 다음과 같은 기쁨이 있습니다.

 1) 다른 사람이 구원받은 것을 보면 기쁨이 있습니다(요16:20-21).
 2) 승리를 체험함으로 기쁨이 있습니다. 복음은 대적자를 멸하는 능력이 있습니다.
 3) 영이 자라는 것을 보면서 기쁨이 있습니다(눅10:20).
 4) 성도의 교제가 있음으로 기쁨이 있습니다.
 5) 주님과 함께 교제함으로 영원한 기쁨이 있습니다.
 6) 자신의 영육의 병이 치료되고 미래의 꿈이 생김으로 기쁨이 있습니다.

적용하기

⇨ 예수님의 생명은 추상적인 것이 아니라 실질적인 것입니다.

⇨ 예수님을 바르게 고백하여 봅시다(마16:16).

⇨ 소그룹 성경공부가 중요하다고 생각하는 이유는 무엇입니까?(마18:20)

⇨ 예수님이 우리와 함께 함으로 유익한 것에는 어떠한 것들이 있을까요?

■ 간단하게 기도문을 작성하고 기도합시다.
　먼저 하나님 나라와 의를 위하여 기도합시다.

　소그룹 예배를 드릴 때나 공적으로 기도를 하게 될 때 당황하거나 자신이 없을 때가 있습니다. 그러나 기도는 살아계셔서 말씀하시고 들으시는 인격적인 하나님과 우리의 영혼이 가지는 대화이면서 영적인 교제이므로 자연스럽게 하면 됩니다. 우리가 기도를 할 때 하나님께서는 기뻐하시고 기도에 응답을 주십니다.

　"구하라 그러면 주실 것이요 찾으라 그러면 찾을 것이요 문을 두드리라 그러면 너희에게 열릴 것이니"(마7:7)

　기도를 처음 시작할 때는 무엇보다도 먼저 하나님께 감사와 영광을 돌립니다(예, 사랑의 하나님! 주님의 크신 사랑에 감사를 드립니다). 그리고 자기의 모든 허물과 죄를 회개합니다(예, 지난 한 주간 동안 하나님의 말씀대로 잘 살지 못했습니다). 그 다음은 여러 가지 자신의 소원을 하나님의 영광과 뜻에 맞게 구하는 것입니다(예, 나라와 민족을 위해서, 교회 부흥을 위해서 자신의 개인적 기도제목을 위해서 간구하면 됩니다). 그런 다음은 반드시 예수님의 이름으로 기도를 마쳐야 합니다. 우리가 어떤 사람의 이름으로 도를 행하는 것은 그의 권위와 권세를 행하는 것이므로 우리의 공로나 우리 자신의 의로 하나님께 간구할 수 없고 예수 그리스도의 공로와 이름으로 기도해야 합니다.

　그리고 아멘을 하면 됩니다. 아멘은 히브리어로 '성실하게, 확실하게'의 뜻이며 타인의 기도에 동감하고 또 진실을 맹세하는 뜻으로 기도의 끝에 제창한다는 것입니다.

성도의 행할 길

요일 1:5-10

 저가 빛 가운데 계신 것 같이 우리도 빛 가운데 행하면
우리가 서로 사귐이 있고 그 아들 예수의 피가 우리를
모든 죄에서 깨끗하게 하실 것이요"(7)

찬송 : 265장

본문에 들어가기 전에

⇨ 하나님과 사귐이 있다고 하면서 어둠에 속하면 어떠한 자가 되는 것입니까?(6)

⇨ 하나님과 서로 사귐이 있으려고 하면 어떻게 해야 합니까?(7)

⇨ 우리가 우리의 죄를 자백하면 어떻게 됩니까?(9)

⇨ 하나님을 거짓말하는 자로 만드는 자는 어떠한 자입니까?(10)

  태초에 계신 하나님이 천지를 창조하셨습니다. 그 모든 것은 매우 아름다웠습니다. 하나님은 말씀과 여호와의 신으로 창조사역을 이루셨습니다. 그리고 작품이 완성될 때마다 '보시기에 좋았더라' 라고 했습니다. 사도요한은 생명의 말씀을 빛으로 표현했습니다. 또 예수의 피가 우리를 모든 죄에서 깨끗하게 한다고 했습니다. 죄 용서 받는 길은 자백하는 것이라 했습니다. 사랑하는 성도 여러분, 우리에게 열려진 용서의 문, 빛의 길, 이것만이 인간에게 최고의 축복이요 최대의 행복인 것입니다.

1. 빛 가운데 행하라 하셨습니다.

  '하나님은 빛이시라' 하나님은 영육의 빛이요, 진리의 빛이요, 생명과 사랑의 빛입니다. 하나님은 그 자체가 빛이요, 하나님의 세계는 빛의 세계입니다. 하나님이 발광체라면 성도는 세상을 향한 반사체입니다.

> "예수께서 또 일러 가라사대 나는 세상의 빛이요 나를 따르는 자는 어두움에 다니지 아니하고 생명의 빛을 얻으리라"(요8:12)

> "그 안에 생명이 있었으니 이 생명은 사람들의 빛이라"(요1:4)

> "너희는 세상의 빛이라 산 위에 있는 동네가 숨기우지 못할 것이요 사람이 등불을 켜서 말 아래 두지 아니하고 등경 위에 두나니 이러므로 집안 모든 사람에게 비취느니라 이같이 너희 빛을 사람 앞에 비취게 하여 저희로 너희 착한 행실을 보고 하늘에 계신 너희 아버지께 영광을 돌리게 하라"(마5:14-16)

  이 빛을 가지면 선악이 분별되고 생사(生死)가 구별되며 거짓 속에 매여 있지 않습니다. 빛에는 능력이 있습니다. 그뿐 아니라 사명도 있습니다. 어두운 세상을 밝혀야 합니다.

문) 본인의 어떤 점을 다른 사람이 좋아하나요?

____

____

2. 빛 가운데 행하면 죄에서 깨끗하게 됩니다.

빛 가운데 행하는 것은 진리를 믿고 주님과 가까이 하는 것입니다. 그리고 회개
하는 것입니다.

"눈이 나쁘면 온 몸이 어두울 것이니 그러므로 네게 있는 빛이 어두우면 그
어두움이 얼마나 하겠느뇨"(마6:23)

구원받은 성도가 빛 가운데 행하면 죄악의 세력에서 점점 벗어납니다. 점점 거
룩해집니다. 그리스도의 형상을 이루어 나갑니다. 이것이 구원을 이루어 가는 것
입니다. 예수 그리스도의 형상을 닮아가는 것입니다. 주기도문에 보면 남의 죄를
용서해 줄 때 자신의 죄를 용서해 준다는 말을 했습니다. 빛 가운데 행하는 것은
남의 죄를 용서하는 것입니다. 미워하지 않고 사랑만 하는 것입니다.

문) 교회에 적응하지 못하고 교회에 가도 만족이 없고 사람들이 자꾸 크게 보이
는 경험이 있으면 서로 이야기 해 봅시다.

____

____

3. 죄인인 줄 알고 늘 회개하는 삶을 살아야 합니다.

"만일 우리가 스스로 죄 없다 하면 스스로 속이고 또 진리가 우리 속에 있지 아니할 것이요"(1:8) 라고 했듯이 인간은 다 죄인입니다. "선을 행하고 죄를 범치 아니하는 의인은 세상에 아주 없느니라"(전7:20) 솔로몬의 말입니다.

주님과 동행하려고 하면 우선 자신이 죄인인 것을 고백해야 합니다. 우리는 죄인임을 인정해야 합니다. 부족한 종은 주님을 떠나서는 잠시도 만족이 없습니다. 나에게 천국이 없다면 사람이 짐승보다 결코 행복하지 못함을 알고 있습니다. 그러나 천국이 있으므로 성도는 행복하게 꿈과 희망 가운데 찬송하며 행복을 노래할 수 있습니다

적용하기

⇨ 환경이 나빠 보이고 생활에 짜증이 나고 나만 홀로 불행하다고 느낄 때가 있습니다. 그 이유는 무엇이라고 생각을 하십니까?

⇨ 타락하기 전의 아담과 하와의 모습 즉 부부의 모습은 아내를 사랑하고 남편을 존경하고 공경하였습니다. 그러나 타락한 후에는 달라졌습니다. 어떻게 달라졌습니까?

· 남자에게는

· 여자에게는

· 뱀에게는

⇨ 하나님께서는 구원받은 우리만 사랑을 하실까요?(욘4:10-11을 읽고 답을 구하여 봅시다.)

⇨ 서로 손을 잡고 빛 가운데에서 살지 못한 것에 대한 회개기도를 한 후 상대를 위해 축복기도를 합시다. 기도 후 느낌을 간단하게 써 봅시다.

1. 주일을 어떻게 지켜야 하나요?

- 주일은 예수님의 부활로 사단과 죽음의 권세가 파멸된 날이자 새로운 창조의 날이고 성령 강림하신 날입니다(행2:1).

- 하나님께서 이스라엘 백성들에게 안식일을 거룩하게 지키라고 하신 그 원칙대로 첫날을 하나님의 날로 구별하여 세상에서 신앙생활을 잘하기 위하여 거룩하게 지켜야 합니다. 일주일의 생활을 잘하기 위해 주일에는 교회에 와서 하나님의 말씀을 들으며 영적으로 힘을 얻어야 하고 예배는 신령과 진정으로 드려야 합니다.

2. 구원의 확신이 있나요?

- 구원이란 허물과 죄로 죽을 우리를 살리신 것이고 죄와 사망의 법에서 해방된 것입니다. 우리는 죄인이며 죄의 값은 사망이기 때문에 구원이 꼭 필요합니다. 그러므로 구원은 하나님의 은혜의 선물이며 예수 그리스도로 말미암아 얻습니다.

- 과거구원 : 우리의 의지나 노력, 공로가 없이 전적인 하나님의 은혜로 이루어진 구원입니다(엡2:1-10).

- 현재구원 : 이 땅에 사는 동안 성령의 도우심을 따라 날마다 거룩함을 입어가는 구원입니다(빌2:12).

- 미래구원 : 주의 이름을 의지하고 인내하는 이들이 장차 받을 영화로운 구원입니다(막13:13).

■ 자신의 구원이 어느 단계에 있는지 점검해 봅시다.

열매로 보여 지는 능력

요일 2:1-11

(요절) "우리가 그의 계명을 지키면 이로써 우리가 저를 아는 줄로 알 것이요 저를 아노라 하고 그의 계명을 지키지 아니하는 자는 거짓말하는 자요 진리가 그 속에 있지 아니하되"(3,4)

찬송 : 212장

본문에 들어가기 전에

⇨ 우리가 죄를 지을 때 누가 우리를 대언해 줍니까?(1)

⇨ 요한은 우리가 어떻게 하면 예수 그리스도를 아는 것이라고 했습니까?(4)

⇨ 우리가 예수 그리스도 안에 있다는 것을 무엇을 보면 알 수 있습니까?(4-5)

⇨ 요한이 우리에게 쓴 새 계명은 무엇인가? 빛 가운데에 거하는 사람은 누구를 사랑하는 사람입니까?

본문 충실하기

 하나님은 자신의 형상으로 창조된 사람이 만물을 다스리면서 행복하게 살기를 원하십니다. 그러나 인간은 창조주의 소원을 외면하고 죄악 속에서 살고 있습니다. 그러나 집 나간 자녀가 돌아오기를 원함같이 하나님은 문을 활짝 열어놓고 죄인들이 돌아올 길을 만들어 놓고 기다리고 계십니다. 또 자신의 종들을 보냅니다. 죄와 허물로 죽어 있는 상태의 사람들을 살려, 구원하기 위해 일하시고 죄인들을 자신의 품으로 돌아오기를 기다리고 있습니다.

 우리나라 기독교 역사에 '사랑의 원자탄'이라 불리 우는 손 양원목사님이 계셨습니다. 공산주의 사상에 빠져서 자신의 아들을 죽인 바 있는 학생을 살려 주도록 했고, 나중에는 그를 자신의 양아들로 입적시킴으로 원수까지 사랑하라는 주님의 뜻을 이루었습니다. 손목사님의 이러한 행위는 하나님을 사랑하는 열매입니다. 손 목사님은 영혼 구원의 소중함을 알고 계신 참된 주님의 종이요, 아름다운 순종의 삶을 사셨습니다.

문) 내가 손양원 목사님의 경우라면 어떻게 하였을까요?

1. 믿는 사람은 예수로 인하여 하나님의 자녀가 되었습니다.

"나의 자녀들아 내가 이것을 너희에게 씀은 너희로 죄를 범치 않게 하려 함
이라 만일 누가 죄를 범하면 아버지 앞에서 우리에게 대언자가 있으니 곧 의
로우신 예수 그리스도시라 저는 우리 죄를 위한 화목 제물이니 우리만 위할
뿐 아니요 온 세상의 죄를 위하심이라"(요일2:1-2)

"나의 자녀들" 요한은 대언자의 입장에서 성도들을 자녀로 말하고 있습니다. 신
앙의 양육자로, 사랑하는 마음으로 기록했습니다.

성도는 하나님의 자녀가 되는 것입니다. 그리고 교회는 양육자의 입장에 서는
것입니다. 바울 사도도 "믿음 안에서 참 아들 된 디모데에게 편지하노니 하나님
아버지와 그리스도 예수 우리 주께로부터 은혜와 긍휼과 평강이 네게 있을지어다"
(딤전1:2) 구원받아 신앙생활하는 성도들의 관계는 참 지체요, 형제된 것이라고
말했습니다. 요한은 어머니의 마음으로 믿음의 자녀들이 죄를 범하지 않게 하기
위해 노력했습니다. 죄의 결과는 불행입니다. 성도들의 죄는 주님이 모두 담당하
셨습니다. 의를 행하면 온 세상이 아름다워집니다.

"그리스도께서 이미 육체의 고난을 받으셨으니 너희도 같은 마음으로 갑옷을
삼으리 이는 육체의 고난을 받은 자가 죄를 그쳤음이니"(벧전4:1)

"네가 선을 행하면 어찌 낯을 들지 못하겠느냐 선을 행치 아니하면 죄가 문
에 엎드리느니라 죄의 소원은 네게 있으나 너는 죄를 다스릴지니라"(창4:7)

하나님의 자녀에겐 대언자가 있습니다. '대언자'는 보혜사, 변호자, 위로자입니다.
교회가 세워져있는 지역에 살고 있는 불신자에게도 유익해야 합니다. 소돔과 고
모라에 의인 10명이 있었다면 유황불 심판이 없었을 것입니다. 구약에서 보면 애
굽 보디발의 가정에 요셉이 있었으므로 보호를 받았습니다.

사랑하는 여러분!
여러분으로 인하여 모든 사람이 하나님의 은혜를 받는 데 동참하는 은혜가 있기
를 바랍니다.

문) 당신의 가문에 당신을 통해 예수님을 믿은 자가 있으면 적어 봅시다.

2. 하나님의 자녀가 된 자는 계명을 지킵니다.

하나님을 알고 믿게 되면 말씀을 지킵니다. 왕의 권세와 순종의 결과를 아는 자는 순종하게 됩니다. 하나님을 안다고 하고 계명을 지키지 않는 자는 안다는 자체가 거짓말이요 진리가 없는 자입니다. 하나님을 바로 알면 심판과 복의 강조를 알기 때문에 정상적인 사람은 꼭 행함으로 나타냅니다.

> "내가 아버지의 계명을 지켜 그의 사랑 안에 거하는 것같이 너희도 내 계명을 지키면 내 사랑 안에 거하리라"(요15:10)

하나님의 자녀는 사랑과 생명이 그 속에 있습니다. 하나님의 말씀은 사랑, 생명, 능력이기 때문입니다.

사랑하는 여러분!

어둠에서 있을 때의 행함과 빛에 속할 때의 행함은 당연히 차이가 있습니다. 지혜자는 신분에 걸맞는 행위를 하게 됩니다. 신분의 변화는 행위의 변화로 나타납니다. 결혼 후의 남자와 여자의 모습은 당연히 달라야 합니다. 부모가 된 자는 그 의무가 있는 것처럼 하나님의 자녀 된 자도 당연히 누림과 의무가 있습니다. 누림을 기대하는 의무를 함께 행해야 하는 것입니다. 그것이 하나님의 명령인 계명을 지키는 것입니다.

문) 출애굽기 15장 26절을 찾아서 써 봅시다.

3. 계명을 지키는 자의 열매는 형제를 사랑하는 것입니다.

"너는 마음을 다하고 성품을 다하고 힘을 다하여 네 하나님 여호와를 사랑하라"(신6:5)

"새 계명을 너희에게 주노니 서로 사랑하라 내가 너희를 사랑한 것같이 너희도 서로 사랑하라 너희가 서로 사랑하면 이로써 모든 사람이 너희가 내 제자인 줄 알리라"(요13:34-35)

먼저는 하나님을 사랑하고 하나님의 형상인 사람을 사랑해야 합니다.
사랑하는 여러분!
미움이 있습니까? 미움이 있다면 그는 어둠에 거하는 자입니다. 빛의 세계는 사랑의 세계요, 생명과 성령 중심의 세계입니다.
나무는 열매를 보면 좋은 나무인지 아닌지를 알 수 있듯이 영혼 사랑, 형제 사랑의 열매가 있느냐를 보면 좋은 교회의 성도인지를 알 수 있습니다. "그의 형제를 사랑하는 자는 빛 가운데 거하여 자기 속에 거리낌이 없으나"(요일2:10)

사랑이 있는 자는 당당합니다. 사랑의 사람은 물가에 심은 나무와 같습니다. 그러나 "그의 형제를 미워하는 자는 어두운 가운데 있고 또 어두운 가운데 행하며 갈 곳을 알지 못하나니 이는 어두움이 그의 눈을 멀게 하였음이니라"(11절)

적용하기

⇨ 우리는 죄를 짓지 않을 뿐 아니라 이제는 선을 행하여야 합니다(창4:7).

⇨ 예수님의 사랑 안에 거하려면 어떻게 하면 될까요?(요15:10)

⇨ 예수 믿는 사람이 있는 곳에는 하나님의 은총이 있고 보호가 있는지를 살펴봅시다. 나로 인하여 불신자들이 복을 받고 있는지 살펴봅시다.

■ 건강한 교회, 사랑을 실천하는 교회가 되기 위해 기도합시다.

 읽으면 유익합니다

1. 찬송이란 무엇인가?

- 찬송은 하나님께 감사와 헌신을 곡조로 표현한 기도입니다(시47편). 또한 우리의 신앙 고백을 노래로 대신하여 간증을 하는 것입니다(시23편).

"이 백성은 내가 나를 위하여 지었나니 나의 찬송을 부르게 하려함이니라" (사 43:21)

2. 찬송은 이렇게 부르는 것이 좋습니다.

- 감사한 심령으로 부릅니다(시 108:1-3).
- 경건한 마음으로 부릅니다.
- 심령을 밝게 하고 뜨겁게 부릅니다.
- 소리를 높여 부릅니다(눅 19:37).
- 때로는 손뼉을 치며 부릅니다(시 108:1-3).

3. 찬송을 할 때 얻는 기쁨.

- 기쁨과 은혜를 체험합니다(약 5:13).
- 능력을 얻게 됩니다(마 26:30).
- 신앙을 성장케 합니다(사 38:18-20).
- 지혜와 총명을 주십니다(단 2:20-23).
- 모든 대적을 물리쳐 주십니다(시 42:10-13).

* 본인이 제일 좋아하는 찬송은 몇 장입니까?

■ 크게 소리내어 하나님께 영광의 찬양을 올려 봅시다 

(요3:16) "하나님이 세상을 이처럼 사랑하사 독생자를 주셨으니 이는 누구든지
저를 믿는 자마다 멸망치 않고 영생을 얻게 하려 하심이니라"
(마11:28) "수고하고 무거운 짐진 자들아 다 내게로 오라 내가 너희를 쉬게 하리라"
(요5:24) "내가 진실로 진실로 너희에게 이르노니 내 말을 듣고 또 나 보내신 이
를 믿는 자는 영생을 얻었고 심판에 이르지 아니하나니 사망에서 생명
으로 옮겼느니라"
(창1:1) "태초에 하나님이 천지를 창조하시니라"
(히11:1) "믿음은 바라는 것들의 실상이요 보지 못하는 것들의 증거니"

* 어려움을 당할 때 : 시편50:15

* 외롭고 고독할 때 : 요한복음14:16-18

* 기도에 힘이 없을 때 : 누가복음11:5-13

* 가족이 세상을 떠났을 때 : 요한복음14:1-6

* 사업에 실패를 했을 때 : 고린도후서5:1-10, 로마서8:28, 잠언19:21

* 잘못된 일이 없이 고통을 당할 때 : 요한복음15:18

* 살고 싶은 생각이 없을 때 : 로마서14:7-9

* 감사한 일이 생겼을 때 : 골로새서3:15-17

* 생일 당했을 때 : 에베소서6:1-3(어린이), 시편23:1-6(어른)

* 부부 사이가 원만하지 못할 때 : 고린도전서13:1-8

성도의 지식과 삶

요일 2:12-17

(요절) "아이들아 내가 너희에게 쓴 것은 너희가 아버지
를 알았음이요 청년들아 내가 너희에게 쓴 것은
너희가 강하고 하나님의 말씀이 너희 속에 거하
시고 너희가 흉악한 자를 이기었음이라"(14)

찬송 : 518장

본문에 들어가기 전에

⇨ 우리의 죄는 누구로 인하여 사함을 받을 수 있습니까?(12)

⇨ 우리가 일상 생활에서 흉악자나 사단을 이기려면, 즉 어려운 환경을 이기려
면 어떻게 해야 합니까?(14)(마4:4)

⇨ 요한은 이 세상이나 세상에 있는 것들을 사랑하지 말라고 했습니다. 이 세상
은 무엇을 의미한다고 생각합니까?(16)

본문에 충실하기

육신을 가진 모든 사람은 건강, 재물, 명예, 권력을 가지고 오랜 세월 행복하게 살기를 원합니다. 여러분과 저도 육신을 가졌으므로 예외가 아닐 것입니다. 길을 가다가 예쁜 여자를 힐끔힐끔 쳐다보는 남자들, 아름다운 옷이나 장식품이 있으면 그 앞에 서서 호기심을 발동하는 여자들이 있습니다. 사람들은 저마다 자신들의 욕구를 채우기 위해서 필요한 물질과 권력을 가지기 위해 많은 노력을 합니다. 때로는 하나님의 뜻이 아닌 줄 알면서도, 또 양심의 가책을 받으면서도 돈을 사랑하는 이들이 있습니다. "이 잔을 내게서 옮기시옵소서" 라는 말씀은 주님의 육성입니다. 이 땅에서 사는 사람들 모두는 이 육성에 지배되는 것입니다. 그러나 예수님은 자신의 삶이나 생명 전부는 아버지의 뜻에 순종해야 됨을 알았습니다. 그러므로 "아버지의 원대로 되기를 원하나이다"라고 했습니다. 오늘 우리도 예수님을 본받아 세상을 이기고 육성과 인간의 본능을 이길 수 있는 능력을 가지시길 바랍니다.

문) 만약에 내가 사랑하는 사람이 나보다 더 멋있는 사람을 쳐다보면 어떤 느낌일까요?

1. 빛 가운데 행하여야 합니다.

빛은 예수 그리스도입니다. 그리스도 가운데 있는 것은 진리 안에 있고 성령의 인도를 받는 것을 말합니다.

"만일 우리가 우리 죄를 자백하면 저는 미쁘시고 의로우사 우리 죄를 사하시며 모든 불의에서 우리를 깨끗케 하실 것이요"(요일1:9) 자백하고 용서받은 상태로 사는 것입니다. 그 삶은 율법을 지키고 형제를 사랑하는 삶입니다.

"그의 형제를 미워하는 자는 어두운 가운데 있고 또 어두운 가운데 행하며 갈 곳을 알지 못하나니 이는 어두움이 그의 눈을 멀게 하였음이니라"
(요일2:11)

빛 가운데 행하는 사람은 남을 자신보다 낮게 여깁니다. 형제와 아픔을 함께 합니다. 웃는 사람과 함께 웃고, 우는 사람과는 함께 울어주는 감정에 동참합니다. 그리고 함께 함으로 위로해 주고 영원한 천국 백성이 되게 하기 위해 노력합니다.

문) 빛은 누구입니까?
빛 가운데 행하는 사람의 삶은 어떠해야 합니까?

2. 교훈하는 대상과 동기를 알아야 합니다.

우리는 수년 또는 수십년 동안 많은 설교를 들었습니다. 그리고 성경을 읽었습니다. 그러나 우리에게 주신 분의 큰 사랑을 잃어버리고 부담만을 느끼고 살 때가 있습니다. 교훈을 주신 하나님은 인간을 구원하시기 위해 성자 예수 그리스도까지 주셨습니다.

"하나님이 세상을 이처럼 사랑하사 독생자를 주셨으니 이는 저를 믿는 자마다 멸망치 않고 영생을 얻게 하려 하심이니라"(요3:16) 그리고 구원받아 천국에서 영생하기를 원하십니다.

사랑하는 여러분!

이 본문은 하나님이 자신의 종 요한을 통해 자녀들에게 주는 교훈입니다. '자녀들아', '아들들아'로 표현합니다. 여러분도 하나님의 자녀들이요, 우리 성도들은 믿음의 형제요, 그리스도의 보혈로 맺어진 형제간입니다. 이젠 하나님의 말씀을 대할 때 사랑의 편지로 보시길 바랍니다. 그리고 주일 성수, 전도, 연보생활 그 모든 것은 사랑의 동기에서 주신 것임을 깨달으시길 바랍니다.

문) 십일조 생활을 하는 사람에게 하나님께서는 어떤 약속을 하셨나요? 말라기3:10을 읽어보고 이야기해 봅시다.

3. 믿는 자들의 대적이 무엇인지를 알아야 합니다.

"아이들아 내가 너희에게 쓴 것은 너희가 아버지를 알았음이요 아비들아 내가 너희에게 쓴 것은 너희가 태초부터 계신 이를 알았음이요 청년들아 내가 너희에게 쓴 것은 너희가 강하고 하나님의 말씀이 너희 속에 거하시고 너희가 흉악한 자를 이기었음이라 이 세상이나 세상에 있는 것들을 사랑치 말라 누구든지 세상을 사랑하면 아버지의 사랑이 그 속에 있지 아니하니 이는 세상에 있는 모든 것이 육신의 정욕과 안목의 정욕과 이생의 자랑이니 다 아버지께로 좇아온 것이 아니요 세상으로 좇아 온 것이라 이 세상도 그 정욕도 지나가되 오직 하나님의 뜻을 행하는 이는 영원히 거하느니라"(요일2:14-17)

하나님의 말씀이 거하시면 생명에 힘이 있습니다. 예수 그리스도의 보혈로 살아난 영혼이 기도와 말씀으로 강건해져서 자신의 육성을 이기게 됩니다. 목사도 종종 사단의 공격을 받을 때가 있습니다. 그 공격은 편안히 살고 싶고, 모든 것을 적당히 하며 살고 싶은 것입니다. 그러나 기도하면 위에서 주는 힘으로 열심히 목회할 수 있는 에너지가 생깁니다. 그리고 세상에서 가지는 부와 명예보다는 하나님의 사람답게 주의 종으로 살아가는 편을 선택합니다.

"내가 궁핍함으로 말하는 것이 아니라 어떠한 형편에든지 내가 자족하기를 배웠노니 내가 비천에 처할 줄도 알고 풍부에 처할 줄도 알아 모든 일에 배부르며 배고픔과 풍부와 궁핍에도 일체의 비결을 배웠노라 내게 능력 주시는 자 안에서 내가 모든 것을 할 수 있느니라"(빌4:11-13)

여러분 지금 풍부합니까? 아니면 비천에 처해 있습니까? 아니면 배가 고픕니까? 이 모든 것을 극복할 수 있는 능력이 주님 안에 있는 여러분에게 있습니다. 오늘 이 시간 한 사람도 좌절하지 말고 자족하기를 바라며 하나님이 주시는 승리를 깨닫고 기뻐하고 찬양하게 되기를 바랍니다.

적용하기

⇨ 세상의 것을 사랑하지 말라고 했다고 세상 일을 중단해야 합니까? 이 말은 세상의 것을 하나님보다 더 사랑하면 우상이 된다는 것입니다. 자신에게 있어서 우상은 어떤 것이 있습니까?

⇨ 빛 가운데서 바르게 사는 길의 첫걸음은 회개입니다. 가정에 문제가 있으면 누구에게서 문제를 찾습니까?

⇨ 어둠에 빠진 자들은 형제의 아픔을 외면하고 자기의 감정대로 사는 사람입니다. 형제의 아픔을 나의 아픔처럼 함께 하는지, 자기의 감정을 하나님의 뜻 안에서 절제를 하는지 살펴 봅시다.

⇨ 사도 바울은 비천에 처할 때 굴하지 않고 풍부에 처할 때 교만하지 않는 일체의 비결을 배웠다고 했습니다. 그렇게 할 수 있었던 힘은 어디에서 나왔다고 생각을 하십니까?

■ 말씀 전하는 기관을 놓고 기도합시다.

말세의 징조

요일 2:18-29

"아이들아 이것이 마지막 때라 적그리스도가
이르겠다 함을 너희가 들은 것과 같이 지금도
많은 적그리스도가 일어났으니 이러므로
우리가 마지막 때인 줄 아노라"

찬송 : 274장

본문에 들어가기 전에

⇨ 적그리스도가 나타나는 때는 언제입니까?(18)

⇨ 적그리스도는 누구라고 생각하십니까?(22)

⇨ 예수 그리스도가 우리에게 약속하신 것은 무엇입니까?(25)

⇨ 예수님께서 강림하실 때에 왜 우리에게 예수님 안에 거하라고 부탁을 하십니까?(28)

하나님은 모든 인간들이 구원받기를 원하십니다. 그러나 공의를 거스르지 않고 죄의 삯을 지불하시며 개인의 믿음이 행위를 통해 누리게 하십니다. 하나님께서는 하나님이 만들어 놓으신 원칙을 그대로 지키면서 인간과 온 지구를 통치해 가십니다. "죄의 삯은 사망으로" "독생자를 믿는 자는 영생으로" "무엇을 심든지 그대로 거두는" 법칙을 지키십니다.

전능하신 하나님은 그 시대마다 택한 백성에게 큰 사랑을 입혀주셨습니다. 세상의 큰 파멸이 있을 때 그것을 피하도록 말씀하십니다. 구약시대 노아 홍수 때였습니다(창세기 6장). 당시의 사람들은 매우 악했습니다.

"여호와께서 사람의 죄악이 세상에 관영함과 그 마음의 생각의 모든 계획이 항상 악할 뿐임을 보시고 땅 위에 사람 지으셨음을 한탄하사 마음에 근심하시고 가라사대 나의 창조한 사람을 내가 지면에서 쓸어 버리되 사람으로부터 육축과 기는 것과 공중의 새까지 그리하리니 이는 내가 그것을 지었음을 한탄함이니라 하시니라 그러나 노아는 여호와께 은혜를 입었더라"(창6:5-12)

하나님은 당시의 의인인 노아에게 방주를 짓도록 했습니다. 그 후 그 방주로 그의 가족과 쌍쌍의 짐승들을 구원하셨습니다. 그러나 그 때 많은 사람들은 시집가고 장가가고 먹고 마시는 일에 바빠 있었습니다. 아무도 방주에 들어가겠다고 하지 않았습니다. 또 노아를 따라 방주를 준비하는 사람도 없었습니다. 그러므로 노아와 함께 하지 않은 모든 짐승과 사람은 다 죽었고 노아의 가족만 살았습니다.

하나님은 옛날이나 지금이나 택한 백성이 구원받기를 원하십니다. 그리고 그 백성을 향해 사랑의 편지를 계속 보내십니다. 오늘 우리에게도 하나님의 사랑의 음성이 들려옵니다. 사도 요한을 통해 택한 백성을 보호하심을 알게 됩니다. 또한 육을 가진 모든 사람이 사랑하는 세상에 대하여 알려주셨습니다.

그리고 말세에 나타날 현상에 대하여 말했습니다.

"아이들아 이것이 마지막 때라 적그리스도가 이르겠다 함을 너희가 들은 것과 같이 지금도 많은 적그리스도가 일어났으니 이러므로 우리가 마지막 때인 줄 아노라"(요일2:18) 이곳에서는 영적인 것만 언급했습니다. 그러나 성경은 말세의 징조에 대해서 여러 가지로 말하고 있습니다.

"많은 사람이 내 이름으로 와서 이르되 내가 그로라 하여 많은 사람을 미혹케 하리라 난리와 난리 소문을 들을 때에 두려워 말라 이런 일이 있어야 하되 끝은 아니니라 민족이 민족을, 나라가 나라를 대적하여 일어나겠고 처처에 지진이 있으며 기근이 있으리니 이는 재난의 시작이니라"(막13:6-8)

오늘 우리는 자연계와 영계 그리고 사람들에게 나타나는 징조를 보고 잘 준비하여 주님을 만나 혼인잔치에 들어가게 되기를 바랍니다.

문) 만약 여러분의 사랑하는 딸이 결혼한 후 건강을 잃게 되어 장애인이 되었을 때 사위가 딸의 아름다움이 없어졌다고 살 수가 없다라고 한다면 어떻게 하시겠습니까?
(인도자는 예수님의 사랑은 세상적인 사랑과는 다르다는 것을 잘 전해야 합니다)

1. 자연계에 나타나는 말세의 징조가 있습니다.

"···처처에 지진이 있으며 기근이 있으리니 이는 재난의 시작이니라"(막13:8하)

예수님이 태어난 초림이 말세라면 지금은 말세의 마지막입니다. 이상 기온으로 지구가 몸살을 앓고 있습니다. 바닷물이 점점 높아져서 낮은 섬들은 바다 밑으로 가라앉고 있습니다. 어떤 나라는 큰 가뭄으로 온 나라 잔디가 다 시들어버리고 사람들은 더위에 헐떡거리고 있는가 하면 곳곳에 홍수로 피해를 입게 되고 큰 태풍으로 차가 날아가는 그런 현상들이 세계 각 곳에서 일어나고 있습니다. 또 지난 1999년 8월 17일 터어키에 지진이 일어나서 15,000명의 사상자를 내었고, 9월 7일에는 그리스의 아테네에서 200년 만에 최악의 강진으로 적어도 49명이 숨지고 650명이 부상당하고 이어진 여진으로 큰 피해가 일어났습니다. 지금 지구상에는 자연계를 통하여 말세의 징조가 나타나고 있습니다.

> 문) 본인이 알고 있는 말세의 징조에 대하여 한 가지씩 말하여 봅시다.
>
> ____
>
> ____

2. 민족과 민족간의 전쟁과 갈등으로 보여진 징조가 있습니다.

"민족이 민족을 나라가 나라를 대적하여 일어나겠고 처처에 지진이 있으며 기근이 있으리니 이는 재난의 시작이니라"(막13:8) 했습니다.

쿠르드족의 분쟁, 유고 사태, 인종 청소라는 용어가 생기고, 동티모르의 분쟁, 종파와 혈통간의 갈등 등으로 불안한 시대입니다.

하나님의 형상인 사람들이 살인 무기로 둔갑되고 그리스도의 몸된 지체의식이 편견과 이기주의에 빠지는 현실입니다. 이것이 말세의 징조입니다.

"난리와 난리 소문을 들을 때에 두려워 말라 이런 일이 있어야 하되 끝은 아직 아니니라"(막13:7) 우리는 이 갈등 속에서도 우리가 해야 될 일을 해야 합니다. 중국의 북한 난민문제, 목사들의 체포등의 일이 기도제목입니다.

북한의 IAEA의 탈퇴도, 미국과의 갈등도 말세의 징조 중 하나입니다.

문) 만약 당신이 한 달 후에 천국에 간다면 무엇을 하고 싶습니까?

3. 이단들이 출현함으로 믿는 사람들이 미혹을 받습니다.

"많은 사람이 내 이름으로 와서 이르되 내가 그로라 하여 많은 사람을 미혹케 하리라"(막13:6) 이단의 정의는 예수님이 하나님의 아들임을 믿지 않는 자가 이단입니다.

"거짓말 하는 자가 누구뇨 예수께서 그리스도이심을 부인하는 자가 아니뇨 아버지와 아들을 부인하는 그가 적그리스도니 아들을 부인하는 자에게는 또한 아버지가 없으되 아들을 시인하는 자에게는 아버지도 있느니라"(요일 2:22-23)

이처럼 이단은 말씀을 인용하지만 예수 그리스도를 인정하지 않는 자들입니다. 그러나 기독교와 비슷하면서도 말씀을 인용하지 않고 자기들 방법대로 하는 것은 사이비라고 말할 수 있습니다. 말세에는 이단과 사이비가 많아서 진리 없는 자들에게 건전한 교회가 다 잘못된 것으로 착각을 하게 합니다. 그러므로 하나님의 말씀을 정확히 알고 분별력을 가지고 믿어야 합니다.

기독교의 참 진리를 알면 절대로 광신에 빠지지 않습니다. 인격이 있고 인간이 무엇인지를 알고 있는 사람은 기독교를 샤머니즘처럼 믿지 않습니다. 말세인 지금이 바로 환난의 때요, 핍박의 때입니다. 알곡과 쭉정이를 가르는 때이기도 합니다. 우리나라도 성도들 중에 알곡과 쭉정이를 가르는 때이기도 합니다. 정치적인 목적으로 교회를 출석하는 사람, 사업이나 이권을 목적으로 오는 사람들이 빠져나가고 성경의 기록을 믿는 사람만 남게 될 것입니다.

성경은 "또 너희가 내 이름을 인하여 모든 사람에게 미움을 받을 것이나 나중까지 견디는 자는 구원을 얻으리라"(막13:13) 하나님의 상급은 연단 후에 받는 것입니다. 하나님은 오늘도 우리를 자녀로 부르십니다.

"자녀들아 이제 그 안에 거하라 이는 주께서 나타내신바 되면 그의 강림하실 때에 우리로 담대함을 얻어 그 앞에서 부끄럽지 않게 하려 함이라 너희가 그의 의로우신 줄을 알면 의를 행하는 자마다 그에게서 난 줄을 알리라"(요일2:28-29) 부끄럽지 않게 하시길 원하십니다. 또 자신의 신분이 의로운 예수 그리스도로 인해 난 것을 확실히 알기 위해 주신 교훈이라 했습니다.

사랑하는 여러분,
말세의 끝에 살고 있는 우리는 깨어 있어 참 행복과 평안을 누리고 영육의 보호와 승리가 있기를 기원합니다.

적용하기

⇨ 하나님께서 우리에게 주신 사랑은 완전한 사랑입니다. 영혼 사랑과 생명 사랑입니다. 탕자의 비유를 들어 서로 이야기해 봅시다(눅15:11-25).

■ 영혼 구원에 힘쓰는 선교사를 위해 기도합시다.

이단 판별 지침

1. 하나님의 삼위일체 되심 곧 성부, 성자, 성령을 부분적으로나 전체적으로 부인하는 것은 이단 신앙입니다(마28:19, 고후13:13, 요일2:22, 23).

2. 예수 그리스도는 온전하신 하나님이시요, 동시에 온전하신 사람이신데도 그분을 하나님으로만 믿거나, 사람으로만 믿거나, 반신반인(半神半人)으로 믿거나, 하나님도 사람도 아닌 제삼의 존재로 믿는 것은 이단 신앙입니다(요1:1~3,14, 골1:15~23, 히1:3, 갈4:4, 히2:5~18, 요일4:2~3).

3. 예수 그리스도만이 유일무이한 구원의 길인데도 다른 종교, 곧 불교, 유교, 힌두교, 이슬람교 등이나 다른 사상 곧 공산주의, 기독교 과학등이 인간을 구원할 수 있다고 믿는 것은 이단이다. 따라서 기독교의 진리를 다른 종교의 것과 혼합시키는 것도 이단입니다(요14:6, 행4:12, 딤전2:5).

4. 인간은 누구든지 예수 그리스도를 '믿음'으로만 구원을 얻을 수 있음을 우리는 믿습니다. 그러나 인간이 구원을 얻는데 있어서 다른 조건들(가령 세례나 침례, 성령세례, 방언, 헌금, 전도, 피가름, 안식일 준수 등)을 구원의 조건으로 삼는 것은 이단 신앙입니다(요3:16, 롬1:17, 엡2:8, 골2:16, 딤3:5).

5. 자기의 교파나 교회에만 구원이 있을 뿐, 역사적 기독교회에는 구원이 없는 듯이 가르치거나 역사적 교회를 맹렬히 공격하고 따라서 믿지 않는 이들에게 전도하기보다는 역사적 교회신자들을 유인해 가려는 것은 이단 집단들입니다(마16:16~19, 24:4~5).

6. 신구약 성경 66권만을 정경(바른 하나님의 말씀)으로 믿지 않고 그 외 무엇을 덧붙이거나 제거하는 것은 이단 신앙입니다(계22:18~19.)

7. 이상한 체험, 지도자의 가르침, 다른 책, 하나님의 직접 계시 등을 성경과 동등시하거나 성경보다 우위에 두거나 그것들을 성경 해석의 표준으로 삼는 것은 이단 신앙입니다(벧후1:20~21, 딤후3:16~17).

8. 성경에 없는 것을 주장하거나 혹은 한 부분만을 절대화시키고 교리화 시킴으

로써 성경 전체에 일관된 교훈을 부정하는 것은 이단 신앙입니다 (요20:30~
31, 히1:1~2).

9. 기적을 전적으로 부인하는 것도 혹은 기적만을 전적으로 강조하는 것도 이단
   신앙입니다(막16:17~18, 마7:20~21, 24:24, 눅16:31).

10. 지도자가 마치 하나님처럼 신격화되었거나, 혹은 되려고 노력하는 집단은
    이단입니다(행10:25~26, 12:20~23).

11. 시한부로 예수 그리스도의 재림을 예언하거나 예언했다가 사실이 아닌 것으
    로 판명되었음에도 불구하고 다른 해석을 첨가하여 그 주장을 계속 정당화
    시키는 교회들은 이단입니다(마24:36, 눅12:40, 행1:7).

12. 교회를 부인하거나 사도신경을 신앙의 근간으로 삼지 않으며, 정치운동, 경
    제활동, 사상운동 등을 실제적 최고목적으로 삼고서도 교회란 명칭을 사용
    하는 집단은 이단입니다(마7:19~23, 18:15~17, 계1:20, 2:1).

남가주 기독교 협의회 제정(1986. 8.15)

관련사이트 : http://home.hanmir.com/~pyonji/

문) 주위에서 볼 수 있는 이단이나 사이비 종교에 대해 말하여 봅시다.

소속과 행위

요일 3:1-12

"우리가 서로 사랑할찌니 이는
너희가 처음부터 들은 소식이라"(11)

찬송 : 457장

본문에 들어가기 전에
⇨ 세상이 우리를 알지 못함은 누구를 알지 못하는 것입니까?(1)

⇨ 우리의 죄를 위하여 오신 분은 죄가 있습니까?(3, 4)

⇨ 요한은 죄를 무엇이라고 했습니까?(4)

⮕ 아벨과 가인은 어떠한 관계이며, 어떤 일이 있었나요?(창4:2-13)

본문에 충실하기

  최근에는 말세의 징조가 쉼 없이 나타나고 있습니다. 거룩하지 못한 것이 거룩한 자리에 앉았고, 이단들이 나타나고, 영계와 자연계도 종말의 징조가 보입니다. 이 말세에 전해질 복음인 재림에 대하여 전하지 못하도록 사단은 역사했습니다. 저 자신부터 주의 강림이 얼마 남지 않았다고 하면 시한부의 종말론자들과 같은 취급을 받을까봐 조심스러웠습니다. 우리가 확실히 알 것은 예수님께서 오실 강림의 날짜는 알지 못하지만 하늘로 가신 그대로 꼭 오심을 믿어야 합니다.

  "자녀들아 이제 그 안에 거하라 이는 주께서 나타내신바 되면 그의 강림하실 때에 우리로 담대함을 얻어 그 앞에서 부끄럽지 않게 하려 함이라"(요2:28)

  "가로되 갈릴리 사람들아 어찌하여 서서 하늘을 쳐다보느냐 너희 가운데서 하늘로 올리우신 이 예수는 하늘로 가심을 본 그대로 오시리라 하였느니라"(행1:11)

  바울 사도도 사망과 이별의 슬픔에 잠긴 이들에게 "주께서 호령과 천사장의 소리와 하나님의 나팔로 친히 하늘로 좇아 강림하시리니 그리스도 안에서 죽은 자들이 먼저 일어나고 그 후에 우리 살아남은 자도 저희와 함께 구름 속으로 끌어 올려 공중에서 주를 영접하게 하시리니 그리하여 우리가 항상 주와 함께 있으리라"(살전4:16-17)

믿는 우리는 예수 그리스도의 다시 오심을 믿고 항상 깨어 있어야 합니다. 사도 요한은 예수 그리스도가 강림하실 때 자기를 따르는 성도들, 구원받은 이들이 부끄러움을 당하지 않기를 원했습니다. 그러므로 여러 가지를 당부하고 있습니다.

문) 예수님을 믿기 전에 죽으면 어떻게 될 것이라고 알고 있었나요?

____

____

1. 세상이 우리를 알지 못함은 아버지를 알지 못하기 때문입니다.

"보라 아버지께서 어떠한 사랑을 우리에게 주사 하나님의 자녀라 일컬음을 얻게 하셨는고, 우리가 그러하도다 그러므로 세상이 우리를 알지 못함은 그를 알지 못함이니라"(요일3:1)

세상은 하나님의 존재를 알지 못합니다. 또 하나님의 구원 계획을 알지도 못합니다. "하나님이 세상을 이처럼 사랑하사 독생자를 주셨으니 이는 저를 믿는 자마다 멸망치 않고 영생을 얻게 하려 하심이니라"(요3:16)

독생자 주심도 알지 못합니다. 구원의 방법도 세상 사람들에게 숨겨져 있었습니다.

"가로되 주 예수를 믿으라 그리하면 너와 네 집이 구원을 얻으리라 하고"(행16:31)

그러므로 교회와 성도들을 오해합니다. '독선적이다' '자기들만 옳다고 한다' '왜 교회 가자고 하는가?', '귀찮게 한다'라고 합니다. 왜 그렇습니까? 하나님의 사랑, 아버지의 사랑을 알지 못하기 때문입니다.

얼마 전 한 노인이 우리 교회에 등록했습니다. 그 후 그 노인이 다녔던 교회 구역장이 찾아와 교회를 옮기면 저주를 받는다고 해서 불안에 떨며 상심하고 눈물을 흘렸다는 말을 들었습니다. 자신의 교회만 구원이 있는 것처럼 말하는 것이 과연 참 교회라 할 수 있는가? 또 혹 그렇게 말하는 교회가 있다면 그곳은 이단에 가까운 곳임으로 즉시 떠나야 합니다. 하나님은 모든 교회와 성도들을 사랑하십니다. 하나님의 관점에서 보는 눈이 있어야 합니다.

"그가 만물을 자기에게 복종케 하실 수 있는 자의 역사로 우리의 낮은 몸을 자기 영광의 몸의 형체와 같이 변케 하시리라"(빌3:21) 라고 하셨습니다.

구원받은 사람은 '자기를 깨끗하게 해야 한다'고 했습니다. 사람의 미혹을 받지 말고 예수님 안에서 경건하게 살게 되기를 바랍니다.

> 문) 믿는 사람과 믿지 않는 사람이 싸울 때 어떻게 하시겠습니까?

2. 하나님의 자녀와 마귀의 자녀가 함께 공존하는 세상입니다.

하나님께 속한 사람은 죄를 짓지 않습니다. 하나님께 속한 사람은 사람을 사랑합니다. 그러나 마귀에게 속한 사람은 죄를 짓습니다. 사람을 미워합니다. 그래서 이 땅에서는 하나님께 속한 사람과 마귀에게 속한 사람이 함께 살고 있습니다.

"이러므로 하나님의 자녀들과 마귀의 자녀들이 나타나나니 무릇 의를 행치 아니하는 자나 또는 그 형제를 사랑치 아니하는 자는 하나님께 속하지 아니 하니라"(요일3:10)

지상의 교회는 전투적인 교회입니다. 밭에 곡식이 자라남과 동시에 가라지도 자랍니다. 농부가 심으면 대적도 가라지를 뿌려 자라게 합니다.

하나님께 속한 사람들은 언제든지 사람을 사랑합니다. 물질을 선하게 사용합니다. 믿는 사람들은 항상 오해나 손해를 볼지라도 서운한 표현보다는 하나님의 사랑을 가지고 빛을 나타내며 형제를 사랑해야 합니다. 오늘 본문 22, 23절에 보니까 마귀에게 속한 사람들은 죄를 짓습니다. 창조주 하나님을 부인합니다. 예수 그리스도를 부인합니다.

"미혹하는 자가 많이 세상에 나왔나니 이는 예수 그리스도께서 육체로 임하심을 부인하는 자라 이것이 미혹하는 자요 적그리스도니"(요이1:7)

라고 했습니다. 예수님을 믿는 사람이 하는 모든 일을 불만스럽게 봅니다. 미혹하는 자가 만일 여러분을 찾아온다 할지라도 미혹당하지 말아야 승리자로 살 수 있습니다.

문) 설이나 추석에 온 가족이 모였을 때 믿는 사람으로 가장 불편한 점은 무엇입니까? 또 해야 할 일은 무엇이 있습니까?

3. 악인과 선인의 열매는 꼭 나타납니다.

"우리가 서로 사랑할지니 이는 너희가 처음부터 들은 소식이라 가인같이 하
지 말라 저는 악한 자에게 속하여 그 아우를 죽였으니 어찐 연고로 죽였느뇨
자기의 행위는 악하고 그 아우의 행위는 의로움이니라"(요일3:11-12)에서

가인과 같이 하지 말라고 했습니다. 가인의 특징은 시기와 질투의 사람입니다.
가인은, 아담과 하와가 에덴동산에서 추방당한 후 낳은 맏아들입니다. 그는 동생
과 영적인 문제로 살인까지 했습니다.

또 '우리가 서로 사랑할지니'라고 했습니다. 가정에서는 부모님을 사랑해야 합
니다. 부부간에도 사랑해야 합니다.

사랑하는 성도 여러분!

의롭게 살려고 하면 핍박이 따라옵니다.
"의를 위하여 핍박을 받은 자는 복이 있나니 천국이 저희 것임이라 나를 인
하여 너희를 욕하고 핍박하고 거짓으로 너희를 거스려 모든 악한 말을 할 때
에는 너희에게 복이 있나니 기뻐하고 즐거워하라 하늘에서 너희의 상이 큼이
라 너희 전에 있던 선지자들을 이같이 핍박하였느니라"(마5:10-12)

우리는 이 땅에서의 고통을 당연시 여깁시다. 우리의 본향은 천국이므로 이 땅
에서는 나그네입니다. 타국에 가보니 마음대로 의사소통이 안되어 문제가 많았습
니다. 그러나 우리나라에 오니 얼마나 좋은지 알 수 없습니다.
우리의 영원한 나라, 천국을 생각하면 나그네로 있으면서도 하나님의 백성의 신
분을 잃지 않도록 최선을 다하는 지혜의 복을 받기를 바랍니다.

적용하기

⇨ 하나님의 자녀와 마귀의 자녀를 구별하여 봅시다.(10)

⇨ 땅의 교회는 전투적인 교회입니다. 밭에 곡식이 자라남과 동시에 가라지도 자랍니다. 내 마음 속에 가라지가 있는지 살펴 봅시다(마13:25-30).

문) 본인이 여행한 곳 중에서 가장 인상이 깊었던 곳과 그 이유에 대해서 말해 보고 여행한 후 집에 돌아온 느낌에 대해서 서로 나누어 보세요.

여행한 곳 :

좋았던 이유 :

집에 돌아온 후의 느낌 :

성령의 아홉 가지 열매

"오직 성령의 열매는 사랑과 희락과 화평과 오래 참음과 자비와 양선과 충성과 온유와 절제니 이같은 것을 금지할 법이 없느니라"(갈5:22-23)

사랑 : 세속적인 자기애나 자신을 투사시키는 사랑이 아니라 자기 자신을 희생하는, 곧 주님께서 베푸신 사랑입니다. 이런 사랑을 깨달은 우리는 마음과 뜻과 목숨을 다하여 하나님을 사랑하고 이웃을 자기 몸과 같이 사랑할 수 있는 것입니다.

희락 : 성령이 충만한 자의 기쁨은 조건에 얽매이지 않고 하나님으로 말미암아 기뻐하는 것이며 고통과 어려움 속에서도 주의 날을 바라보며 기뻐하는 것입니다.

화평 : 서로 화평하지 못하는 자는 교회에서 아무 일도 감당할 수 없을 뿐만 아니라 오히려 성도들과 목회자를 괴롭히고 교회 분쟁의 씨를 심게 되는 것입니다. 아무리 충성하고 봉사하며 하나님을 경외한다 할찌라도 화평하지 않는다면 실로 심각한 일입니다. 주께서는 예물을 제단에 두고 먼저 형제와 화목하고 그 후에 예물을 드리라고 말씀하셨습니다.

오래참음 : 참지 못한다는 것은 자기 한계를 벗어나지 못한다는 말입니다. 자신의 감정과 자기의 판단을 벗어나지 못하고 자신에 얽매여 발끈하거나 자기주장을 앞세워 나가는 것입니다. 주님의 진리와 사랑은 오래 참고 기다리는 가운데 얻어질 때가 많습니다.

"사람의 성내는 것이 하나님의 의를 이룰 수 없다"(약1:20).

다음 장에서 연결이 됩니다.

하나님이 기뻐하시는 사람

요일 3:13-17

(요절) "우리가 형제를 사랑함으로 사망에서 옮겨
생명으로 들어간 줄을 알거니와 사랑치
아니하는 자는 사망에 거하느니라"(14)

찬송 : 377장

본문에 들어가기 전에

⇨ 세상이 우리를 미워할 때 어떻게 해야 합니까?(13)

⇨ 형제를 미워하는 자는 어떠한 자이며, 어디에 거하지 못합니까?(15)

⇨ 우리가 형제를 위하여 목숨을 버림이 마땅한 이유는 무엇입니까?(16)

⤳ 형제의 궁핍함을 보았을 때 우리는 어떻게 해야 합니까?(17)

본문에 충실하기

요한일서에는 사랑에 대한 이야기가 여러 번 나옵니다.

> "우리가 서로 사랑할찌니 이는 너희가 처음부터 들은 소식이라"(3:11)

사랑은 아주 중요한 것입니다. 형체도 없고 눈에 보이지도 않지만 사랑은 우리를 끌고 다니고, 사랑은 우리에게 에너지를 공급합니다. 우리가 어디에 속했느냐에 따라 생각과 행위에 차이가 있습니다. 성령에 속한 사람은 의를 행하고 주님과 동행합니다. 또 중생한 영은 성도가 범죄하면 탄식합니다.

> "내가 하나님을 생각하고 불안하여 근심하니 내 심령이 상하도다"(시77:3)

> "내 심령이 속에서 상할 때에도 주께서 내 길을 아셨나이다 나의 행하는 길에 저희가 나를 잡으려고 올무를 숨겼나이다 내 우편을 살펴보소서 나를 아는 자도 없고 피난처도 없고 내 영혼을 돌아보는 자도 없나이다"(시142:3-4)

> "내 영혼아 네가 어찌하여 낙망하며 어찌하여 내 속에서 불안하여 하는고 너는 하나님을 바라라 그 얼굴의 도우심을 인하여 내가 오히려 찬송하리로다"(시42:5)

마귀에게 속한 자는 악을 기뻐하고 악을 행합니다.

가인은 아벨을 시기하여 죽인 것입니다. '시기'는 자신이 가지려고 한 것을 남이 가졌을 때, 또 자신이 속하고 얻으려 한 것을 타인이 취했을 때 분노로 나타나는 현상입니다. 가인도 하나님의 제단에 응답을 요구했으나 하나님이 응답하지 않았습니다. 그 때 자신의 악함을 드러낸 것입니다. 가인이 하나님께 인정받지 못함에서 오는 마음은 인정받는 사람에게 대한 분노로 표현됩니다.

예수님 당시에도 그리스도를 통해 의가 드러남으로 제사장과 유대인의 분노함이 드러났습니다. 그 때에 시기로 예수님을 핍박했습니다. 죄 없으신 예수님을 죄인으로 모함하여 십자가에 달아 죽였습니다. 그 때 뿐 아니라 지금도 시기는 계속되고 있습니다. 학교에서는 선생님께 인정받고 공부 잘하고 때론 믿음 있는 사람이 사람들에게 따돌림을 당할 때가 있습니다. 그러나 그 때도 자기의 소속을 돌아보며 핍박을 두려워하지 말아야 합니다.

오늘 우리에게 주는 교훈 몇 가지를 통해 그리스도인의 빛된 삶을 이루시길 축원합니다.

문) 사람에게 따돌림을 받으신 적이 있습니까? 또는 사람을 따돌린 적이 있으십니까? 서로 이야기를 해보고 신앙과 잘 연결해 봅시다.

1. 구원받은 성도는 사랑해야 합니다.

사랑은 행해져야 능력이 나타나고 사랑은 행해져야 그 모습들이 보여지게 됩니다. 영혼을 사랑하고 그 영혼을 담고 있는 육체를 사랑하는 것입니다. 성도의 능력은 사랑입니다. 행복도 하나님 사랑과 영혼 사랑에 뿌리를 두고 있어야 합니다. 진정한 사랑은 환경에 의해서 좌우되지 않으며 고통 속에서도 변질되지 않습니다.

가정이 행복하려면 가정에서 사랑을 받으려고 하지 말아야겠다는 생각을 했습니다. "가정은 사랑을 저축하는 장소이지 사랑을 채굴하는 장소가 아니다" 라는 어떤 사람의 경구를 보면서 여러 가지 생각을 하게 되었습니다. 가정은 헌신하는 곳이고 사랑하는 곳입니다.

어거스틴은 "지식은 사랑의 어버이요 지혜는 사랑 그 자체이다" 라고 했습니다. 구원받은 성도가 행하는 사랑의 방법을 확실히 말씀하고 있습니다. 사랑만 있으면 어둠은 물러가게 됩니다. 예수님 자체가 사랑입니다. 우리도 그에게 속하면 사랑이 됩니다. 나무가 불에 들어가면 불이 되듯이 예수 안에 들어가면 사랑이 생깁니다.

> 문) 가장 사랑하는 사람을 말해 봅시다.
>
> ____

2. 미워하는 자를 원수로 보지 말라는 것입니다.

예수님은 우리를 사랑하시고 우리에게 사랑의 본을 보여주셨습니다. 십자가를 지신 상태에서 자기를 못 박는 사람들을 위해 기도하셨습니다.

"예수께서 가라사대 아버지여 저희를 사하여 주옵소서 자기의 하는 것을 알지 못함이니이다"(눅23:34)

혹시 믿지 않는 가족에게서 핍박을 받습니까?

"의를 위하여 핍박을 받은 자는 복이 있나니 천국이 저희 것임이라 나를 인하여 너희를 욕하고 핍박하고 거짓으로 너희를 거스려 모든 악한 말을 할 때에는 너희에게 복이 있나니"(마5:10-11)라고 하셨으니 하나님을 알지 못하여 핍박하는 것이려니 하며, 사랑으로 대하고 기다리면서 결국에는 복음을 전하게 되길 바랍니다.

어떤 분들은 명절만 지나게 되면 그 날에 받은 상처로 인해 고생하기도 합니다.

하나님은 그것을 원치 않습니다. 육신이 약해서 죄를 지었다면 용서하시는 주님께 기도하고 회복하시길 축원합니다.

3. 있는 실력으로, 필요한 것으로 도움을 주어야 합니다.

"누가 이 세상 재물을 가지고 형제의 궁핍함을 보고도 도와줄 마음을 막으면 하나님의 사랑이 어찌 그 속에 거할까 보냐 자녀들아 우리가 말과 혀로만 사랑하지 말고 오직 행함과 진실함으로 하자"(요일3:17-18)

건강이 있는 자는 그 건강으로 도와야 합니다. 물질이 있는 자는 있는 것 가지고 도움을 주어야 합니다. 배우들은 아름다움과 기능으로 사람들에게 자신이 직접 체험하지 못하는 세계에서 웃고 울게 만듭니다. 또 물질이 있는 사람은 예배당을 건축하며 더 많은 사람들이 기쁨으로 하나님께 영광을 돌리게 해야 합니다. 또 구제, 복지, 선교사들을 보내기 위해 헌신할 때 하늘에 상급이 있습니다. 주머니가 할례를 받지 않으면 그 마음은 변함이 없습니다. 물질을 잘 사용하는 사람은 마음이 깨끗한 사람입니다. 가난한 자, 도움이 필요한 사람에게 필요를 채워줄 수 있는 사람은 참사랑의 사람입니다. 하나님은 우리에게 독생자까지 주셨는데 성도된 우리는 무엇으로 감사합니까? 감사가 없고 인색한 자녀들, 빈손으로 홀로 계신 부모를 학대하는 자를 보면 하나님 앞에 우리의 모습을 보는 것 같습니다.

라고 하셨습니다. 사랑이 마음 속에만 머물렀을 때는 사랑이 아닙니다. 사랑이
감정과 삶으로 표현될 때 환경을 변화시킵니다. 하나님은 우리가 행복하기를 원
하고 계십니다. 그래서 우리에게 서로 사랑하라고 하십니다. 행복은 사랑의 열매
입니다. '말과 혀'로도 사랑을 하지만 '행함과 진실함'으로 사랑하게 되기를 바
랍니다. 사랑하는 그 자체에 만족하고, 가정에 많은 사랑을 저축하는 여러분과 제
가 되기를 바랍니다.

적용하기

⇨ 구원의 확신만 있으면 영생을 한다고 했는데 14, 15절에는 어떻게 해야 영생
  이 있고 생명을 얻는다고 했습니까? 여기에 대해서는 어떻게 생각하십니까?

⇨ 16절의 십자가의 죽으심으로 우리가 사랑을 얻었다고 하셨습니다. 이 사랑을
  입은 우리가 형제를 위하여 어떻게 해야 되는지 구체적인 예를 들어 봅시다.

■ 믿지 않는 형제를 위해서 기도합시다.

문) 작은 것이라도 자기가 가지고 있는 것이 무엇인지를 표현해 보고 그것을
하나님의 영광을 위해서 어떻게 사용해야 하는지 말해 봅시다.

성령의 아홉 가지 열매

자비 : 다른 사람을 측은히 여기고 동정하여 친절을 베푸는 마음을 의미합니다. 자비로운 마음은 편협하고 옹졸한 것이 아니라 온 세상을 다 포용할 수 있는 넓은 마음입니다.

양선 : 선한 마음 또는 선한 양심을 말합니다. 사람에게는 양심이라는 것이 있어 늘 현실과 욕망의 악한 행위에 대하여 비난하고 비판하며 선한 길로 이끌려고 합니다. 오직 예수 그리스도의 영에 의해서 새롭게 지음을 받은 새 사람 즉, 성령에 의해 새롭게 변화된 양심에 따라야 합니다. 선을 행하는 일은 순수한 마음에서 이루어져야 합니다.

충성 : 마음을 다하여 믿는 바를 이루는 것이며 꾸준하게 행하는 것입니다. 충(忠)이란 우리의 심령을 의미하고, 성(誠)이란 말씀을 이루는 것을 말합니다.

온유 : 마음이 따뜻하고 부드럽고 상대방이 부담스럽지 않도록 편안하게 해 주는 것입니다. "온유한 자는 복이 있나니 저희가 땅을 기업으로 받을 것임이요"(마5:5)라고 하셨습니다.

절제 : 자기 자신을 올바로 살펴서 조절하는 것을 뜻합니다. 자신을 절제하기 위해서는 올바른 신앙과 건전한 생활 습성과 훌륭한 인격이 모두 갖추어져 있어야 합니다. 외적인 힘이나 타율에 의해서 이루어지는 것이 아니라 자기 스스로 이루는 자신과의 싸움입니다.

발췌 : 집사학, 목회자료사, p155-165

성령의 아홉 가지 열매를 삶 속에서 잘 이루어 가는 성도가 됩시다.

진리와 영감으로 서로 사랑하자

(요절) "자녀들아 우리가 말과 혀로만 사랑하지 말고
오직 행함과 진실함으로 하자."(18)

찬송 : 404장

본문에 들어가기 전에

⇨ 우리가 말과 혀로만 사랑하지 말고 무엇으로 사랑하라고 권면을 하였습니까?(18)

⇨ 우리 마음이 우리를 책망할 것이 없는 자는 어떠한 자입니까?(21-22)

⇨ 하나님의 계명은 무엇입니까?(두 가지, 23)

본문에 충실하기

인생에 제일 귀한 것이 있다면 그것은 사랑하는 마음이요, 또 사랑받기를 원하는 것입니다. 천하에 외톨이가 슬프다고 하는 것은 사랑할 대상과 말할 상대가 없다는 것입니다. 어떤 사람이 '왕따는 죽음보다 무섭다'라고 하는 이유도 마음을 나눌 상대가 없기 때문입니다.

성경은 우리 인생이 소극적으로 살기를 원치 않습니다. 적극적이고 긍정적으로 살기를 원합니다. 한 성도가 있었습니다. 그는 여러 사람과 다투는 교회에서 실망했다고 합니다. 그는 문을 닫아걸고 사람을 만나려고 하지 않았습니다. 자기를 노출하지 않고 계속 방어자세만 가졌습니다. 그는 결국 혼자서 교회와 사람을 원망하며 살아가게 되었습니다. 직장에서도 자신이 할 일만 합니다. 그리고 교회서도 뒷자리에서 있다가 축도가 끝나면 나갑니다. 그리고 철저하게 자기 중심적이고 이기주의로 살아가면서 자신을 책망하며 살아갑니다. 이는 하나님의 뜻대로 사는 것이 아닙니다. 그는 하나님의 선물인 평안을 잃어버렸습니다.

사랑하는 여러분!

성경은 "자녀들아 우리가 말과 혀로만 사랑하지 말고 오직 행함과 진실함으로 하자 이로써 우리가 진리에 속한 줄을 알고 또 우리 마음을 주 앞에서 굳세게 하리로다"(요일 3:18-19) 라고 말합니다. 구원받아 하나님의 자녀된 우리에게 사랑하는 방법을 말씀해 주셨습니다. 믿는 자의 신앙과 삶, 사랑의 모델은 예수 그리스도입니다. 믿는 자는 예수 닮기를 원해야 합니다.

문) 잠언서 16장 2절을 읽어 봅시다. 그리고 우리가 잘한 줄 알고 행했는데 그렇지 못한 경우가 있었는지 말해 봅시다.

1. 우리 마음에 자책이 없도록 진리 안에 살아갑시다.

"우리 마음이 혹 우리를 책망할 일이 있거든 하물며 우리 마음보다 크시고 모든 것을 아시는 하나님일까 보냐 사랑하는 자들아 만일 우리 마음이 우리를 책망할 것이 없으면 하나님 앞에서 담대함을 얻고"(요일 3:20-21)

우리가 잘 하고 못 하고는 자기 자신이 제일 먼저 압니다. 또 자신을 보는 것도 성령을 받고 성경을 읽었을 때와 읽지 않았을 때에 차이가 있습니다. 성경을 알지 못할 때는 자신이 보이지 않습니다. 그러나 성경을 깨닫게 되면 자신이 죄인이란 것을 알게 됩니다. 하나님 앞에 가책이 없고, 회개할 때도 형제 앞에 가책 없이 서려면 상대를 사랑해야 하고 자신의 삶에서 양심의 책망이 없어야 합니다. 가끔 죄 짓고 경찰에 잡혀오거나 도망하다 걸려온 사람들을 보면 옷이나 손바닥으로 자기 얼굴을 가립니다. 그것은 자신의 양심이 자기를 부끄러워하는 것입니다. 그러나 억울하게 당한다고 생각하는 양심수들이나 자기에게 부끄러움이 없는 이들은 담대합니다. 그들은 그곳에서 찬송을 했습니다.

"밤중쯤 되어 바울과 실라가 기도하고 하나님을 찬미하매 죄수들이 듣더라 이에 홀연히 큰 지진이 나서 옥터가 움직이고 문이 곧 다 열리며 모든 사람의 매인 것이 다 벗어진지라 간수가 자다가 깨어 옥문들이 열린 것을 보고 죄수들이 도망한 줄 생각하고 검을 빼어 자결하려 하거늘 바울이 크게 소리 질러 가로되 네 몸을 상하지 말라 우리가 다 여기 있노라 하니 간수가 등불을 달라고 하며 뛰어 들어가 무서워 떨며 바울과 실라 앞에 부복하고 저희를

데리고 나가 가로되 선생들아 내가 어떻게 하여야 구원을 얻으리이까 하거늘
가로되 주 예수를 믿으라 그리하면 너와 네 집이 구원을 얻으리라 하고 주의
말씀을 그 사람과 그 집에 있는 모든 사람에게 전하더라"(행16:25-32)

문) 마음에 남아 있는 양심의 가책이나 후회되는 일이 있다면 서로 이야기 합시다.

2. 진리 안에서 행하는 자는 기도 응답을 받습니다.

"무엇이든지 구하는 바를 그에게 받나니 이는 우리가 그의 계명들을 지키고
그 앞에서 기뻐하시는 것을 행함이라"(요일3:22)

성도가 진정한 사랑의 세계에 산다면 양심의 가책을 받지 않습니다. 그 사람은
계명을 지키고 하나님과 교통하는 삶을 삽니다. 또 욕심대로 구하지 않고 하나님
의 뜻대로 구하게 됩니다. 그러므로 하나님이 응답하십니다.

"너희가 욕심을 내어도 얻지 못하고 살인하며 시기하여도 능히 취하지 못하
나니 너희가 다투고 싸우는도다 너희가 얻지 못함은 구하지 아니함이요 구하
여도 받지 못함은 정욕으로 쓰려고 잘못 구함이니라"(약4:2-3)

하나님께 책망 받지 않는 마음은 행함과 진실함의 뜨거운 사랑이요, 계명을 지
키며 하나님의 뜻대로 구하는 것입니다. 그럴 때 구하는 것을 받게 됩니다.
개척 후 25년 간 변함없이 기도하고 소원하니 응답이 되는 것이 많았습니다. 기

도는 응답될 때까지 계속해야 합니다. 일관성 있게 구해야 됩니다. 자녀들이 돈, 컴퓨터, 옷 등을 생각날 때마다 사달라고 중얼댄다면 그 때마다 부모가 사주겠습니까? 기도는 하나님의 영광을 위해 구체적으로 구해야 합니다.

"너희가 내 안에 거하고 내 말이 너희 안에 거하면 무엇이든지 원하는 대로 구하라 그리하면 이루리라"(요15:7)

그리고 이루어진 것에 대한 감사가 있어야 합니다. 그리고 하나님의 의도대로 기도한 대로 사용해야 합니다. 응답받기 전보다 받은 후에 더욱 더 조심해야 합니다. 독생자를 주신 하나님이 우리에게 귀한 것을 꼭 주십니다.

문) 가장 최근에 기도하는 제목은 무엇이 있습니까? 응답받은 부분이 있다면 서로 이야기해 봅시다.

3. 계명과 성령의 역사로 서로 사랑해야 합니다.

"그의 계명은 이것이니 곧 그 아들 예수 그리스도의 이름을 믿고 그가 우리에게 주신 계명대로 서로 사랑할 것이니라"(요일3:23)

교제와 삶도 예수님 안에서 하는 것이 아름답습니다. 초대교회의 분위기가 좋았던 것은 사도들의 가르침 속에서 교제하고 사랑했기 때문입니다.

삼손도 당대에 당할 자가 없는 자였으나 잘못된 사랑, 들릴라의 품 안에 있으므로 추하고 부끄러운 나실인(구별된 자)이 되었습니다. 눈알이 빠지고 짐승 대우를 받았습니다. 우리의 사랑은 진리 안에 있는 사랑이 되어야 합니다. 한 여인은 한 남편으로 만족하고 한 남자는 한 아내로 만족해야 합니다. 또 하나님이 보낸 교회에서 뿌리내리고 차분히 자신의 십자가를 지고 살아야 합니다. 그리고 성령을 충만히 받아야 합니다.

"우리에게 주신 성령으로 말미암아 그가 우리 안에 거하신 줄 우리가 아느니라"(요일3:24)

참사랑과 진실은 영적 교통에서 나옵니다. 성령의 역사가 있을 때 사랑의 세계에서 살 수 있습니다. 복음 전파는 성령의 능력으로 가능합니다. 오늘도 참된 승리를 체험하시는 여러분이 되시길 바랍니다.

적용하기

⇨ 우리가 하나님의 계명에 순종을 하면 담대함으로 기도할 수 있고 응답을 받을 수 있습니다. (21-22, 요15:7)

⇨ 요한일서에서 사랑이란 말이 11번이나 나옵니다. 사랑은 그만큼 중요합니다. 사랑의 대상과 의지의 대상은 누구라고 생각을 하십니까?

⇨ 우리는 말과 혀로도 사랑을 못할 때가 많습니다. 옆사람에게 사랑의 표현을 해 봅시다.

⇨ 성령의 역사가 있을 때 사랑의 세계에서 살 수 있습니다. 참사랑은 진실과 영적 교통에서 나오는 것입니다.

■ 성령의 9가지 열매를 맺기 위하여 기도합시다.

미혹의 영과 성령

요일 4:1-6

 "우리는 하나님께 속하였으니 하나님을 아는
자는 우리의 말을 듣고 하나님께 속하지 아니한
자는 우리의 말을 듣지 아니하나니 진리의 영과
미혹의 영을 이로써 아느니라"(6)

찬송 : 351장

본문에 들어가기 전에

⇨ 요한이 사랑하는 자들에게 영들을 다 믿지 말라고 하는 이유는 무엇입니까?(1)

⇨ 하나님의 영은 무엇으로 알 수 있습니까?(2-3)

⇨ 우리가 세상에서 미혹하는 것들을 이길 수 있는 이유는 무엇이라고 했습니까?(4)

본문에 충실하기

이 땅에는 크게 두 가지 영이 있습니다. 성령과 악령입니다. 성령은 그리스도의 영으로 사람을 구원하는 영입니다. 천지를 창조하시고 인간을 창조한 영입니다. 거룩한 영은 믿는 자의 보혜사요, 또 예수 그리스도를 잉태케 하셨으며, 성부, 성자, 성령 삼위 중의 한 분입니다. 그러나 악령은 사단으로 표현되고 세상을 통치할 욕망이 있습니다.

사단은 "너 아침의 아들 계명성이여 어찌 그리 하늘에서 떨어졌으며 너 열국을 엎은 자여 어찌 그리 땅에 찍혔는고 네가 네 마음에 이르기를 내가 하늘에 올라 하나님의 뭇별 위에 나의 보좌를 높이리라 내가 북극 집회의 산 위에 좌정하리라 가장 높은 구름에 올라 지극히 높은 자와 비기리라 하도다"(사14:12-14) **계명성**을 아침의 아들이라고 하고 있는데 본서에는 바벨론 왕을 상징합니다. 교만으로 인해 타락되었고 죄를 범한 사람을 지배합니다. 이것을 거짓 종교가들은 받아들입니다.

"너희는 너희 아비 마귀에게서 났으니 너희 아비의 욕심을 너희도 행하고자 하느니라 저는 처음부터 살인한 자요 진리가 그 속에 없으므로 진리에 서지 못하고 거짓을 말할 때마다 제 것으로 말하나니 이는 저가 거짓말쟁이요 거짓의 아비가 되었음이니라"(요8:44)

예수님께서도 말세를 사는 우리에게 이렇게 권면하십니다.

"너희가 사람의 미혹을 받지 않도록 주의하라 많은 사람이 내 이름으로 와서 이르되 나는 그리스도라 하여 많은 사람을 미혹케 하리라"(마24:4-5)

믿는 우리도 방심하게 되면 언제든지 거짓 선지자들에게 붙들리고 다른 영에게 사로잡혀서 고통당할 수밖에 없습니다. 교회 안에서도 다른 영이 역사할 때가 있습니다. 그러므로 날마다 신앙을 가지고 예수 그리스도를 고백하며 여러분 신분이 하나님의 자녀임을 믿고 하나님의 말씀위에 굳게 서야 합니다.

1. 하나님의 영은 예수 그리스도가 육체로 오신 것을 시인하게 합니다.

"하나님의 영은 이것으로 알지니 곧 예수 그리스도께서 육체로 오신 것을 시인하는 영마다 하나님께 속한 것이요 예수를 시인하지 아니하는 영마다 하나님께 속한 것이 아니니 이것이 곧 적그리스도의 영이니라 오리라 한 말을 너희가 들었거니와 이제 벌써 세상에 있느니라"(요일4:2-3)

바람의 방향을 알려면 나뭇잎의 움식이는 것을 보면 알 수 있습니다. 성령의 역사는 지식, 생각, 삶이 아름답습니다. 예수 그리스도가 나의 구주인 것을 믿습니다. 하나님의 절대주권을 믿습니다. 하나님의 말씀이면 '예'만 합니다. 구약에서 하나님의 영에 감동된 사람은 아브라함입니다. 오직 말씀에 순종했습니다. 그것으로 자신과 아들 이삭에게 큰 복을 물려주었습니다. 영혼을 매우 사랑합니다. 하나님이 귀히 여기는 것을 귀히 여기고 천히 여기는 것을 천히 여깁니다.

지금 우리 주위에는 하나님의 영에 감동되었다고 하면서 거짓 영에 붙잡힌 이들이 적지 않습니다. 사도 요한의 시대에도 성도들이 많은 미혹을 받았습니다. 그러므로 이 편지를 기록한 것입니다. 이 교훈은 오늘날 우리에게 준 것이기도 합니다. 그 때뿐 아니라 지금도 성경을 이용하면서도 예수 그리스도가 하나님이 아들이 아니라고 하는 이들이 있습니다. 통일교, 여호와증인, 몰몬교 등 수도 없이 많습니다. 육안으로 보기에 아무리 화려해도 성경 말씀에 벗어난 주장은 거짓 영의 주장이므로 따라가지 말아야 합니다.

문) 십계명 중에서 제 1계명은 무엇입니까?

또 제 1계명에서 요구하시는 의무는 무엇입니까?

제 1계명: (출20:3)

요구하시는 의무는 하나님을 유일하게 참 되신 하나님이시요 우리의 하나님으로 알고 인식해야 하는 것입니다. 따라서 하나님만을 예배하고 영화롭게 해야 하는 것입니다.

2. 세상에 속한 영의 지식과 사역은 하나님을 대적하게 합니다.

세상에 악한 영은 하나님과 분리되어 본성적으로 하나님과 원수가 되어 있는 상태입니다. "그 때에 너희가 그 가운데서 행하여 이 세상 풍속을 좇고 공중의 권세 잡은 자를 따랐으니 곧 지금 불순종의 아들들 가운데서 역사하는 영이라"(엡2:2) 예수 그리스도밖에 있는 이들을 지배하는 것은 악한 영입니다.

"심판에 대하여라 함은 이 세상 임금이 심판을 받았음이니라"(요16:11)

세상의 영은 주님께 심판받을 영입니다. 이 거짓 영인 악령의 통치 영역은 세상입니다. 그러므로 환경의 지배받는 인간의 육신은 대적자의 영역에 잡혀 있습니다.

그러므로 사도 바울은 말세에 사람의 유혹을 받지 않도록 주의하라고 했습니다.

교회는 신령한 조직이지만 땅에 있으므로 사단의 큰 도전을 받습니다. 성경은 악한 영을 여러 이름으로 지칭하고 있습니다. 계명성, 사단, 마귀, 옛 뱀, 큰 용, 악한 자, 귀신의 왕, 이 세상의 임금, 파괴자, 참소자, 꾀는 자, 불순종의 아들들 가운데 역사하는 영으로 표현하고 있습니다. 이같은 이름을 가진 것들은 여러 종류의 모습으로 하나님 나라를 대적하고 있습니다. 사단은 여러 가지 방법으로 기독교를 대항할 것입니다. 그러나 큰 환란과 위협 속에서 기독교는 오히려 더욱 강해질 것입니다. 그리고 말세에는 교회 선택을 잘 해야 합니다. 교회는 환경과 육신의 유익을 주는 이상으로 하나님의 말씀이 그대로 전파되는 곳이기 때문입니다.

> 문) 여러분은 어떤 교회를 건강한 교회라고 생각을 하십니까?

3. 하나님께 속한 영은 사단의 권세를 이기게 하고 성경말씀을 듣게 합니다.

사단의 권세는 다 하나님의 심판 아래 있습니다. 세상의 권세는 택한 백성을 세상의 것으로 미혹합니다. 돈, 명예, 쾌락 등으로 유혹합니다. 그러나 믿는 사람, 성령의 지배받는 사람은 분별력이 있으므로 흔들리지 않습니다. 미국의 백화점의 왕 존 워너 메이커가 대통령으로부터 장관직을 제의받았을 때 그는 교회 학교 교사로 충성하는 것을 떠날 수 없어 거절했습니다. 그러나 대통령이 교사직을 수행할 수 있도록 해주겠다고 약속함으로 체신부장관이 되었고 장관이 된 후에도 토요일이면 헬기를 타고 자신이 섬기는 교회에 가서 교사의 사명을 감당했습니다. 한 기자가 "장관직이 교사직만 못합니까?"라고 물었을 때 그는 "교회 학교 교사 직은 평생 해야 되는 본분이지만 장관직은 한두 해 하고 그만두는 부업과 같은 것"이라는 표현을 했습니다. 성령에 속한 사람은 세상이 주는 명예나 부를 하나님보다 더 사랑하지 않습니다. 우는 사자처럼 달려들어도 믿음으로 이길 수 있습니다. 사단의 머리는 성령으로 인해 깨어집니다.

오늘 말씀을 듣고 '아멘' 하는 것은 성령의 영에 감동된 것입니다. 세상 영의 지배받는 자는 세상 사람들의 말에 더 비중을 두고, 세상 편에서 교회를 보고 세속의 가치관을 가집니다. 설교를 듣고 나가면 금방 잃어버립니다. 그러나 성령의 역사는 하나님 편에서 교회와 성도를 보게 합니다. 성경 속에서 생각하고 영혼과 생명을 그 무엇보다 귀히 여깁니다. 장관, 사장보다 하나님이 주신 구원과 직분을 더욱 귀히 여깁니다.

사랑하는 성도 여러분, 하나님의 영에 거하시고 그 영에 거하는 자를 더욱 사랑해서 반석 위에 집을 짓는 생활을 하시기를 바랍니다.

적용하기

⇨ 예수님께서 말세에 사는 우리에게 말씀하신 것을 써 봅시다(마24:4-5).

⇨ 마음이 병들고 지식이 병들고 가치관이 병든 사람은 분별을 바르게 할 수가 없습니다. 예수님의 말씀으로 치료를 받아야 합니다(행4:30).

⇨ 예수 그리스도가 육체로 오신 것을 시인하며 믿어지면 환경이 좋아지고 환경을 이길 수 있는 에너지가 생깁니다. 예수님께서 육체로 오심을 믿습니까?

⇨ 육신의 생각은 하나님을 기쁘게 할 수 있을까요?(롬8:7-8)

문) 교회에서 봉사하시는 일을 말하고 그 일에서 얻어지는 기쁨에 대해 말하여 봅시다.

 ■ 하나님께서 주신 은사를 놓고 충성된 자가 되기 위해 기도합시다.

유월절

유월절은 이스라엘 백성이 출애굽한 사건을 기념하는 유대인 최대의 명절입니다. 유대력으로 니싼월 15일에 시작되며 7일 동안 명절로 지킵니다. 보통 부활절과 비슷한 시기에 겹치는데 이는 예수님께서 유월절이 끝나는 안식 후 첫날에 부활하셨기 때문입니다. 첫째 날과 마지막 날을 '욤 토브(좋은 날)' 라 부르며 이 날은 일을 못하도록 규정하고 있습니다. 이 날은 온 공휴일입니다. 중간의 5일은 일하는 것이 허용된, 반 공휴일입니다.

유월절은 영어로 'Pass Over', 히브리어로 '페사흐'라고 합니다. 유대인들은 유월절을 절기마다 반복적으로 기억하기 위해 양초를 끌 때마다 입으로 '페사흐'라고 발음합니다. 모둠별로 한 학생씩 '페사흐'라고 발음하면서 초를 끄게 하는 체험을 해 보는 것도 좋습니다.

또한, 유월절을 기억하기 위해 이스라엘인들이 쓴 나물을 소금물에 찍어 먹으면서 노예생활을 하던 조상들의 고통을 체험합니다. 모둠별로 쓴 나물을 준비하여 소금물에 찍어 먹고 간접적으로 고통을 체험하고 이야기하는 시간을 갖는 것도 유익합니다.

무교절

누룩을 넣지 않은 빵을 먹으며 지내던 농경민들의 순례축제 였지만, 이스라엘 백성이 출애굽 사건이라는 역사적 구원 체험을 예배를 통해 재현해 나가면서, 이 축제와 거의 같은 시기에 거행되어 온 유목민들의 과월절(過越節) 축제와 연계되어 거행되었습니다. 이로써 무교절은 과월절과 함께 희망과 구원에 대한 중요한 축제가 되었으며, 이스라엘의 종교생활에 핵심적인 축제로 자리 잡았습니다.

종려주일

종려주일은 고난 주간이 시작되는 주일로 예수님의 예루살렘 입성을 기념하는 절기입니다. 예수께서 입성하실 때 백성들이 종려나무 가지를 길에 펴고 한쪽 손에 들고 흔들어 축하하였듯 고난을 향한 예수님의 결단을 찬송하며, 감사하는 절기입니다. 종려나무는 그리스도의 승리와 사탄을 대적하는 상징이 되며, 번영(시 92:12)과 아름다움(아7:78)의 상징이기도 합니다.

부활주일

유대인의 날 개념으로 금요일, 토요일과 주일 사흘을 무덤에서 지나시고 주일 아침 새벽에 부활하신 예수님을 축하하는 절기입니다. 부활절은 기독교에 있어서 성탄절과 함께 양대 절기인데, 주후 325년 니케아 회의에서 현재와 같이 춘분 후 만월 다음에 오는 첫 번째 주일을 부활주일로 정하고 시행하게 됩니다. 매년 3월 22일부터 4월 25일에 옵니다.

이것은 춘분 다음 첫 만월 후 첫째주일입니다. 이렇게 지켜지는 이유는 그 유례가 있습니다. 초대교회 때 3세기 동안에는 해마다 부활절을 지켜야 할 일자에 대하여 계속 날카로운 의견의 차이가 있었습니다. 동방교회에서는 유대인들이 유월절 날을 계산하는 방법에 따라 부활절을 음력으로 결정하였습니다. 그러나 서방교회(로마교구를 중심으로 한 서쪽에 위치한 교회들)에서는 부활절이 언제나 주일(일요일) 부활일에 지켜져야 하며, 십자가 처형은 언제나 금요일에 기념되어야 한다고 여겼습니다. 이것은 서방 크리스천들에게는 주중의 날이 중요하였고 동방교회(알렉산드리아, 예루살렘, 안디옥, 콘스탄틴 교구를 포함한 로마 동쪽에 위치한 교회들)의 크리스천에게는 달(月)월의 날이 중요하였습니다. 이런 의견의 해결은 니케야총회(325년)에서 결정했는데 결국 달과 주중의 날 둘 다 인정하여 부활절은 춘분 다음 첫 만월 후 첫째주일이 되도록 하였습니다.

오순절

그리스도교에서 부활절 후 50일 되는 날, 즉 제 7주일인 오순절(五旬節)날에 성령이 강림한 일(사도 2장)을 기념하는 절기입니다.

초막절

유월절(과월절) 및 칠칠절(맥추절, 초실절)과 함께 이스라엘의 3대 절기입니다(출애굽기 34:22). 절기를 축하하는 동안 장막집에서 살던 그들의 습관에서 나왔으며, 선조들이 40년 동안 장막에서 살며 방랑하던 유목생활을 기억하여 기념하는 절기입니다. 티쉬리얼(9~10월) 15일(추분일에 가까운 보름달)부터 1주간 지켜졌는데, 첫날과 마지막 날에는 성회가 열렸습니다. 농사력이 끝나는 가을에 지켜졌습니다.

일년 중 가장 마지막 절기이며 큰 절기로 여겼는데, 초막절은 그냥 명절이라고 언급되었습니다(요5:1). 회당에서는 전도서가 낭독되고, 성전에서는 성대한 희생제사가 연일 행해졌습니다. 또한 절기가 끝나는 날에는 비와 이슬의 은혜를 구하는 기도가 행해지고, 실로암 못에서 물을 길어 매일 제단에 붓는 행사가 행해졌습니다(요7:37~38).

> 문) 다른 절기에 대해서도 찾아 봅시다(나팔절, 속죄일, 성탄절, 맥추절, 추수 감사절등).

서로 사랑하자

요일 4:7-21

요절　"하나님의 사랑이 우리에게 이렇게 나타난바 되었으니 하나님이 자기의 독생자를 세상에 보내심은 저로 말미암아 우리를 살리려 하심이니라"(9)

찬송 : 511장

본문에 들어가기 전에

⇨ 예수님은 누구십니까?(15)

⇨ 하나님의 사랑이 우리 안에 온전히 이루게 하는 방법은 무엇입니까?(12)

⇨ 사랑의 증거에는 어떠한 것들이 있습니까?(18)

⇨ 교회 안에서 맺어진 형제를 미워하면서 하나님을 사랑한다는 것은 어렵다고

했습니다. 그 이유는 무엇입니까?(20, 21)

본문에 충실하기

예수님은 많은 달란트를 빚진 자가 용서받은 후 집으로 돌아가서 자신에게 적은 돈을 빚진 자를 용서하지 않고 괴롭히고 감옥에 넣은 것을 비유로 말씀하셨습니다. 그 결과 많이 탕감해 준 자가 화가 나서 자신이 행한 대로 갚아주는 내용의 비유가 있습니다. (마18:23-35)

오늘날 이 비유는 우리에게 많은 생각을 하게 합니다. 하나님 앞에 믿는 우리는 원죄와 자범죄를 용서받았습니다. 과거, 현재, 미래의 죄까지 하나님의 사랑으로 해결되었습니다. 우리의 행위 때문이 아니라 하나님의 사랑으로 된 것입니다.

"하나님이 세상을 이처럼 사랑하사 독생자를 주셨으니 이는 저를 믿는 자마다 멸망치 않고 영생을 얻게 하려 하심이니라"(요3:16)

"너희가 그 은혜를 인하여 믿음으로 말미암아 구원을 얻었나니 이것이 너희에게서 난 것이 아니요 하나님의 선물이라 행위에서 난 것이 아니니 이는 누구든지 자랑치 못하게 함이니라 우리는 그의 만드신 바라 그리스도 예수 안에서 선한 일을 위하여 지으심을 받은 자니 이 일은 하나님이 전에 예비하사 우리로 그 가운데서 행하게 하려 하심이니라"(엡2:8-10)

믿는 우리는 하나님의 큰 사랑을 받았습니다. 죄인 되었던 우리들은 하나님의 긍휼로 인해 의인이 되었습니다. 그리고 하나님의 자녀의 권세를 얻었습니다. 그리고 하나님께서는 우리가 서로 사랑하기를 원하셨습니다.

문) 자신이 구원을 받았는지에 대해서 서로 이야기를 합시다.
다음 성경 구절을 함께 찾아서 읽어 봅시다.

과거구원(기본구원, 엡2:1-10):

현지구원(성화구원, 빌2:12):

미래구원(영화구원, 막13:13):

1. 사랑이신 하나님을 사랑해야 합니다.

"예수께서 대답하시되 첫째는 이것이니 이스라엘아 들으라 주 곧 우리 하나님은 유일한 주시라 네 마음을 다하고 목숨을 다하고 뜻을 다하고 힘을 다하여 주 너의 하나님을 사랑하라 하신 것이요"(막12:29-30)

구원 받은 성도에게 하나님을 사랑하라 하셨습니다. 하나님을 우선 순위 첫 번째에 두어야 한다는 것입니다. 인간 관계의 첫 단추가 부모님과의 사랑이라면 인생을 살아가는 데 첫 단추는 나를 만들어주시고 나를 구원해 주신 하나님과의 사랑입니다.

그리스도의 비유 중에 한 부자 청년이 있었습니다. 그는 어려서부터 율법을 배웠고 지켰습니다. 그는 믿는 가정에서 태어났습니다. 그리고 부모로부터 받은 유산도 많았습니다. 그러나 그의 마음 속은 공허했습니다. 그는 구원에 대한 문제를 해결하기 위해 예수님을 찾아왔습니다. 그 때 주님은 재산을 팔아 가난한 자들에게 주고 자신을 따르라고 했습니다. 그러자 청년은 그리스도보다 재산을 선택하여 근심하며 떠났습니다. 인간의 삶은 영원히 사는 길에 우선을 두고 그 다음으로 육신의 생명에 중요성을 두어야 죽음 앞에서도 초연하고 세상의 환난 가운데도 여유를 가지고 살 수 있습니다.

문) "다시 너희에게 말하노니 약대가 바늘귀로 들어가는 것이 부자가 하나님의 나라에 들어가는 것보다 쉬우니라 하신대"(마19:24) 이 말씀의 의미를 서로 느끼는 대로 이야기 합시다.

____

____

2. 하나님의 사랑받은 사람은 서로 사랑할 수 있습니다.

"하나님의 사랑이 우리에게 이렇게 나타난 바 되었으니 하나님이 자기의 독
생자를 세상에 보내심은 저로 말미암아 우리를 살리려 하심이니라 사랑은 여
기 있으니 우리가 하나님을 사랑한 것이 아니요 오직 하나님이 우리를 사랑
하사 우리 죄를 위하여 화목제로 그 아들을 보내셨음이니라 사랑하는 자들아
하나님이 이같이 우리를 사랑하셨은즉 우리도 서로 사랑하는 것이 마땅하도
다"(요일4:9-11)

이 본문에는 믿는 사람끼리의 화목과 사랑을 강조하고 있습니다. 예수 그리스도
를 믿는 우리는 서로 화목해야 합니다. 성도는 그리스도의 지체의 각 부분입니다.
그러므로 다양한 은사를 가지고 서로 도와야 되는 것입니다.

"다 같은 신령한 음료를 마셨으니 이는 저희를 따르는 신령한 반석으로부터
마셨으매 그 반석은 곧 그리스도시라"(고전10:4)

"몸은 하나인데 많은 지체가 있고 몸의 지체가 많으나 한 몸임과 같이 그리
스도도 그러하니라 우리가 뉴대인이나 헬라인이나 종이나 자유자나 다 한 성
령으로 세례를 받아 한 몸이 되었고 또 다 한 성령을 마시게 하셨느니라"(고
전12:12-13)

"한 몸이 되었고" "한 성령으로 마시게 하셨느니라"라고 하셨습니다. 성도의 서
로간의 사랑은 성령 안에서 이루어지는 것입니다.

그러나 인간적으로 보면 사랑할 수 없는 사람도 있습니다. '물에 빠진 사람을
건져놓으니 보따리 내어 놓으라' 한다면 어떻게 사랑하겠습니까? 아무리 사랑해
도 그 사랑을 이용하려 한다면 어떻게 되겠습니까? 세상 사람들은 사랑을 눈물의
씨앗이라고 합니다. 이유는 간단합니다. 자기 중심의 사랑이고 현실이나 육신 중
심이므로 수시로 변하기 때문입니다.

결혼한 후 얼마동안 살다가 눈물을 흘리고 헤어지는 이도 있습니다. 서로가 상
대의 마음을 사기 위해 책임 못질 약속을 한 후 살다가 약속을 파기함으로 가정을
병들게 하기 때문입니다. 신앙생활을 하겠다고 약속하는 이들, 세상의 줄 끊고 잘

하겠다는 약속, 부모님께 효도하겠다는 약속등으로 상대의 마음을 사로잡고 뜻을 이룬 후 자신의 내심대로 행하며 오히려 상대를 불효자나 광신자로 몰아세우는 잘못을 범하기도 합니다.

하나님의 사랑을 받는 이들은 서로 사랑해야 합니다. 목사, 장로, 권사, 집사 그리고 온 성도가 지체로서 자기 위치에서 분수를 지키고 사랑해야 합니다. 둘 셋이 모여 서로 기도하며 신앙의 유익을 주어야 합니다.

문) 수고는 팔과 다리가 하는데 칭찬은 머리가 받는 것은 왜입니까? 만약 교회 안에서 수고는 내가 했는데 다른 사람이 칭찬받는다면 어떻겠습니까?

3. 형제 사랑은 하나님 사랑의 열매입니다.

요한일서 4장 18절에서 21절까지 다같이 읽어 봅시다.

사랑 안에는 두려움이 없습니다. 예수 그리스도를 통해 하나님의 사랑을 깨닫는 날, 천재지변에 대한 두려움이 없습니다. 이유는 모두가 하나님의 손에 들려 있기 때문입니다. 사랑하는 자는 상대에게 평안을 심어주고 사랑과 감사의 메아리가 오게 합니다.

그리스도인의 최고의 능력은 사랑이요, 최대의 축복도 사랑입니다. 모든 은사 중에 가장 우선할 것이 하나님을 사랑하고 형제를 사랑하는 것입니다.

하나님을 알고 인간의 영혼과 생명의 가치를 알면 그 때부터 균형 잡힌 삶이 시작됩니다. 교회가 내적으로 화목해야 진정으로 예배드릴 수 있는 것입니다.

믿음의 형제는 그리스도 안에 있는 이들을 먼저 생각하고 육신의 형제도 사랑해야 합니다. 하나님을 사랑하면 하나님이 보내신 종을 사랑하고 또 하나님이 구원시킨 성도를 사랑합니다. 이것이 이루어지지 않는 자는 성령의 역사가 없는 자입니다. 성령의 역사가 있어야 사랑이 생깁니다.

세월이 가면 갈수록 영적 공허가 옵니다. 그러기에 말씀과 성령의 역사를 더욱 사모하게 됩니다. 우리는 기독교 문화가 아닌 타문화 속에서 자녀를 키우고 적응케 하기 위해 말씀을 묵상하고 모여서 예배드리기에 힘써야 합니다. 비전을 함께할 동역자가 있는 교회가 말세에 세상을 이기는 교회가 됩니다.

서로 사랑하는 자가 되기를 바랍니다.

적용하기

⇨ 하나님을 사랑하는 사람은 하나님께서 세우시고 교회의 머리가 되신 예수님을 믿기 때문에 교회를 떠나서 신앙생활을 하면 바람직하지 않습니다. 건강한 교회에 잘 속해서 신앙생활을 잘 하고 있는지 점검해 봅시다.

⇨ 하나님을 사랑하는 사람은 천재지변에 대한 두려움이 없습니다. 어머니가 칼을 들고 있어도 자녀는 무서워하지 않습니다. 하나님의 참된 자녀가 되었는지 살펴 봅시다.

■ 주위에 환우를 놓고 간절히 기도합시다.

사랑하는 대상에게 사랑하는 마음을 표현해 봅시다

하나님께로 난 자의 삶

요일 5:1-4

"대저 하나님께로서 난 자마다 세상을
이기느니라 세상을 이긴 이김은 이것이니
우리의 믿음이니라"(4)

찬송 : 278장

본문에 들어가기 전에

⇨ 예수께서 그리스도이심을 믿는 자마다 누구에게로 난 것입니까?(1)

⇨ 하나님을 사랑하고 그의 계명들을 지키는 사람의 열매는 무엇으로 나타납니까?(2)

⇨ 요한은 하나님의 계명들에 순종하는 것이 그리스도인에게 무거운 짐이 아니라고 했습니다. 그 이유는 무엇입니까?(3)

⇨ 세상을 이기려면 어떻게 해야 합니까?(4)

본문에 충실하기

　서로 사랑하는 것은 서로 보호받는 비결입니다. 남편이 어려움을 당하면 아내가 보호하고, 아내가 어려움을 당하면 남편이 보호해야 합니다. 옆에 있는 성도가 어려움을 당하면 내가 보호하고 내가 어려움을 당하게 되면 구역 식구의 보호를 받는 것입니다. 이것이 서로 사랑하는 원리입니다.

　제가 아내에게 "내가 당신을 사랑하는 것을 알고 있느냐"라고 물어 보았더니 자신이 사랑받고 있다는 것을 알고 있다고 했습니다. 저는 아내가 소중하다고 느낀 후 주님 다음으로 평안하게 해 주려고 했습니다. 어디든지 가면 나의 건강대로 여행하는 것보다 아내의 얼굴을 살피면서 다녔습니다. 그것이 내가 보호받는 것임을 알았기 때문입니다. 성지순례를 가서 알프스 산을 포기한 것과 백두산에 가서 폭포 쪽으로 산에 오를 예정이었지만 같이 간 교수는 준비를 했는데 아내가 준비가 되지 않아 포기했습니다. 그러나 그 때 올라간 사람이 여러 명 죽었습니다. 그 후에 그 길이 폐쇄되었다는 말을 들었습니다.

　언제부터인가는 하나님께서 저에게 하나님을 위해 생명을 드릴 각오를 하게 하셨을 때부터 사람이 너무 소중해 보였습니다. 성전 건축할 때도 억지로 작정하지 않았습니다. 건물을 짓는 데 혹시라도 성도의 실족함이 없기를 소원했습니다. 그러나 성도들은 스스로 헌신했습니다. 하나님의 뜻대로 아내나 남편을 사랑하면 자신이 보호받고 또 성도나 목사가 서로 사랑하면 두 사람 다 보호를 받는 축복을 받습니다. 사랑은 하나님의 뜻 안에서 상대를 편안하게 해 주는 것입니다. 사랑하지 않는 자는 자기가 좋은 방법으로 남을 이용합니다. 오늘 본문에서는 서로의 삶에 대해 말하고 있습니다.

문) 서로 보호받는 방법에 대해서 말하여 봅시다.

1. 하나님께로 난 자는 믿는 자를 사랑합니다.

"예수께서 그리스도이심을 믿는 자마다 하나님께로서 난 자니 또한 내신 이를 사랑하는 자마다 그에게서 난 자를 사랑하느니라"(요일5:1)

하나님께로 난 자는 하나님을 사랑하고 사람을 사랑합니다. 사람은 우리의 의지의 대상이 아니라 사랑의 대상입니다. 믿는 사람 중에는 잘 믿는 사람이 있고 환경에 매여 있는 사람, 신앙이 어린 사람도 있을 수 있습니다. 무자한 사람이나 평생동안 결혼을 안 한 분이나 또 장애를 가진 분이나 모두 사랑의 대상입니다.

하나님이 과부를 들어 큰 인물로 쓰신 경우가 성경에 나와 있습니다. 사르밧 과부는 그 시대에 제일 믿음 있는 자로 주의 종과 함께 어려움을 극복했습니다. 신약에서는 수가성 여인, 남편 다섯이 있었던 여인을 전도자로 바꾸셨습니다. 하나님께로서 난 자는 과거에 얽매일 필요가 없습니다. 지금 이 시간 서로가 사랑의 대상임을 믿으시길 바랍니다. 믿는 자를 대할 때 하나님의 자녀로 알아야 합니다. 하나님처럼 존중하고, 교회를 대할 때 그리스도의 몸으로 알아 더욱 소중히 여기며 절대로 교회에 상처입히는 일을 하지 말고 부흥과 성장 그리고 건강한 교회를 위해 한 알의 밀알이 되시길 바랍니다.

문) 내 믿음의 성장을 위해서 어느 부분이 한알의 밀알처럼 죽어야 하는지 서로 이야기 합시다.

2. 하나님을 사랑하는 자는 계명을 지킵니다.

"우리가 하나님을 사랑하고 그의 계명들을 지킬 때에 이로써 우리가 하나님
의 자녀 사랑하는 줄을 아느니라 하나님을 사랑하는 것은 이것이니 우리가
그의 계명들을 지키는 것이라 그의 계명들은 무거운 것이 아니로다"
(요일5:2-3)

사람의 행위를 보면 소속을 알 수 있습니다. 부처 앞에 손을 모으고 제단에 촛불
을 켜는 사람은 불교인입니다. 마리아상 앞에서 손 모으고 기도하는 자는 천주교
인입니다. 이유 없이 교회를 대적하고 믿는 사람을 핍박하는 자는 마귀에 소속된
자입니다. 요즘에 정치판을 보면 한 마디만 들어도 소속당과 출신을 알 수 있습니
다. 제가 알기로는 기자는 중립을 지키고 국민의 알 권리를 채워주어야 하고, 경
찰은 국민의 지팡이가 되어야 함에도 불구하고 변질된 상태에서 여론을 좌우하고
지상의 방법으로 백성을 우롱하는 것을 보면 필경 문제가 많습니다. 하나님께 속
한 사람은 계명을 지킵니다.

출애굽기 20장 2-17절을 읽어 봅시다.

모두는 이스라엘 백성에게 복 주시기 위한 제안입니다. 악한 자들 속에서 개인,
가정, 영혼을 영원히 보호하시기 위해 주신 계명입니다. 그 계명은 매우 가벼운
것입니다. 계명을 지킴으로 얻는 상급을 생각하면 계명 지키는 것은 너무 가벼운
것입니다. 예수 믿는 것이 힘들다고 하는 것은 하나님을 알지 못해서입니다. 계명

을 지키면 하나님이 그 사람을 지키십니다. 다니엘의 세 명의 친구가 계명을 지킬 때 풀무불에서 지켜주셨습니다.

문) 세 명의 친구가 풀무불에서 지키움을 받은 것은 무엇 때문이라고 생각하십니까?

____

____

3. 하나님께로 난 자는 세상을 이깁니다.

"대저 하나님께로서 난 자마다 세상을 이기느니라 세상을 이긴 이김은 이것이니 우리의 믿음이니라"(요일5:4)

이 말씀은 하나님께로서 나지 않으면 세상을 이길 수 없다는 말씀입니다. 세상에는 공중의 권세 잡은 악령이 지배함으로 믿음 없는 자는 지배당하게 되어 있습니다. 그러나 하나님께로서 난 자는 믿음으로 세상을 이깁니다. 그 믿음은 하나님의 권세를 가지게 하는 능력이 있기 때문입니다.

"우리의 씨름은 혈과 육에 대한 것이 아니요 정사와 권세와 이 어두움의 세상 주관자들과 하늘에 있는 악의 영들에게 대함이라"(엡6:12)

"구원의 투구와 성령의 검 곧 하나님의 말씀을 가지라 모든 기도와 간구로 하되 무시로 성령 안에서 기도하고 이를 위하여 깨어 구하기를 항상 힘쓰며 여러 성도를 위하여 구하고 또 나를 위하여 구할 것은 내게 말씀을 주사 나로 입을 벌려 복음의 비밀을 담대히 알리게 하옵소서 할 것이니 이 일을 위

하여 내가 쇠사슬에 매인 사신이 된 것은 나로 이 일에 당연히 할 말을 담대
히 하게 하려 하심이니라"(엡6:17-20)

믿는 자는 세상을 이긴다고 했습니다. 이제 기도하고, 말씀을 듣고, 성경을 배우
는 일에 열심을 냅시다. 그래서 우리가 세상을 살아가는 목적이 하나님의 영광이
되며, 하나님이 세상을 주관하신다는 것을 믿고, 세상과 싸울 준비를 하고 기도하
며 나아갑시다.

문) 세상의 요소 중에서 가장 이기기 힘든 것은 어떤 것이 있습니까?
　(예 : 돈, 명예, 이성, 도박, 잠, 권력…)

____

____

적용하기

⇨ 세상을 이기는 가장 좋은 방법은 구원의 방패를 쓰는 것입니다. 그러기 위해
　서는 기도를 해야 합니다. 하루에 기도의 분량은 어느 정도 되십니까?

⇨ 서로 사랑하는 원리는 서로를 보호하는 것입니다. 우리의 삶은 누구의 보호
　를 받아야 합니까?

■ 세계 복음화와 나라마다 지도자를 놓고 기도합시다.

세상을 이기는 믿음

요일 5:5-12

(요절) "예수께서 하나님의 아들이심을 믿는 자가 아니면 세상을 이기는 자가 누구뇨"(5)

찬송 : 397장

본문에 들어가기 전에

⇨ 예수 그리스도는 물과 피로 임하신 자라고 했는데 물과 피는 무엇을 의미하는 것입니까?

⇨ 증거하는 이가 셋이면서 하나라고 하는데 무엇을 두고 하는 말입니까?(8)

⇨ 하나님의 증거는 무엇을 말하는 것입니까?(9)(요1:32-34)

우리나라가 중국과 축구경기 하는 것을 보았습니다. 비슷한 체구의 사람들이 운동장을 달리면서 공을 몰아 골대를 공격했습니다. 우리나라 선수가 한 골을 넣을 때 매우 기분이 좋았습니다. 그 다음에 중국 선수가 한 골 넣는 것을 보고 나 자신도 모르게 '에이'하며 안타까와 하고 있는 모습을 보았습니다. 나와는 정반대로 중국 응원석에서는 신바람이 났습니다. 왜일까요? 그들과 나는 속해 있는 나라가 다르기 때문입니다. 세상의 모든 영육간의 자연의.법칙은 자신이 속해 있는 곳을 보호하고 있다는 것입니다. 우리도 우리의 가족을 다른 사람보다 더 사랑합니다. 또 그리스도인 중에서도 우리 교회에 속해 있는 사람을 더 사랑하게 되는 것도 체험했습니다.

사도요한은 "하나님께로서 난 자는 그에게서 난 자를 사랑한다"라고 했습니다. 또 "하나님께로서 난 자는 계명을 지킨다"고 했습니다. "그 계명은 무거운 것이 아니다"라고 했습니다. 그뿐 아니라 이 세상은 우리의 안식할 곳도, 믿는 자를 위하지도 않는다고 했습니다.

> "대저 하나님께로서 난 자마다 세상을 이기느니라 세상을 이긴 이김은 이것이니 우리의 믿음이니라"(요일5:4)

하나님께로서 난 자는 세상에 속하지 않습니다. 비록 육체는 땅에 있어도 그의 소속은 하나님의 나라입니다.

문) 자신이 속해 있는 가정, 직장, 모임 등에서 하나님께로서 난 자로서 해야 될 일이 무엇이 있을까요? 서로 답하여 봅시다.

1. 예수 그리스도가 하나님의 아들임을 믿는 자가 세상을 이깁니다.

"예수께서 하나님의 아들이심을 믿는 자가 아니면 세상을 이기는 자가 누구
뇨 이는 물과 피로 임하신 자니 곧 예수 그리스도시라 물로만 아니요 물과
피로 임하셨고 증거하는 이는 성령이시니 성령은 진리니라"(요일5:5-7)

하나님으로부터 믿음을 선물로 받아 예수 그리스도를 구주로 영접한 사람이 세
상을 이길 실력을 가진 자입니다. 우리의 대장 예수 그리스도가 승리한 세상을 예
수님과 함께 누리는 것입니다. 예수님께 속하면 세상을 이깁니다.

'물과 피'로 임하셨다 했습니다. '물'은 예수 그리스도의 세례를, '피'는 예수님
의 십자가의 죽으심을 역사적인 사실로 강조하십니다.

"그 중 한 군병이 창으로 옆구리를 찌르니 곧 피와 물이 나오더라"(요19:34)

그리스도께서 우리에게 임한 사랑은 최상의 사랑입니다. 피는 생명인데 그 생명
을 우리에게 부어 주신 것입니다. 이 피는 우리의 원죄, 자범죄를 용서해 주는 사
랑의 피입니다. 그리스도 안에 있으면 외적으로, 내적으로 깨끗하게 됩니다. 이유
는 더러운 세상에 빠져들지 않기 때문입니다.

요즘에 보면 예수 믿는 사람 중에 인생을 실패하는 사람이 있는 것 같습니다. 그
것은 물과 성령으로 거듭나지 못하고 정욕과 명예 그리고 물질에 미혹됨으로 실
패하는 것입니다. 표면적으로는 믿는 사람처럼 보이지만 내적으로는 성령의 도우
심이 없는 사람입니다. 예수 그리스도의 제자 가룟 유다는 대단한 위치에 있었지

만 사단이 들어와 예수 그리스도를 은 30냥에 팔아버렸습니다. 그 결과 제자 중에서 제일 단명하고 자살의 길을 택한 것입니다.

2. 믿는 사람은 영원한 생명이 있습니다.

베드로 사도는 "오직 흠없고 점없는 어린 양 같은 그리스도의 보배로운 피로 한 것이니라 그는 창세 전부터 미리 알리신 바 된 자나 이 말세에 너희를 위하여 나타내신 바 되었으니 너희는 저를 죽은 자 가운데서 살리시고 영광을 주신 하나님을 그리스도로 말미암아 믿는 자니 너희 믿음과 소망이 하나님께 있게 하셨느니라 너희가 진리를 순종함으로 너희 영혼을 깨끗하게 하여 거짓이 없이 형제를 사랑하기에 이르렀으니 마음으로 뜨겁게 피차 사랑하라 너희가 거듭난 것이 썩어질 씨로 된 것이 아니요 썩지 아니할 씨로 된 것이니 하나님의 살아 있고 항상 있는 말씀으로 되었느니라 그러므로 모든 육체는 풀과 같고 그 모든 영광이 풀의 꽃과 같으니 풀은 마르고 꽃은 떨어지되 오직 주의 말씀은 세세토록 있도다 하였으니 너희에게 전한 복음이 곧 이 말씀이니라"(벧전1:19-25)라고 말씀했습니다. 영혼이 있는 인간의 생명은 예수 그리스도 안에서 영원해 집니다. 그뿐 아니라 육체의 생명도 참 행복을 누리면서 살 수 있습니다.

구약의 다니엘과 3명의 친구들이 있습니다. 하나님을 온전히 믿는 믿음을 가짐으로 세속의 권세에 굴복하지 않았습니다. 그들은 세상의 권세에 의해 풀무불에 떠밀려 들어갔습니다.

"때에 느부갓네살 왕이 놀라 급히 일어나서 모사들에게 물어 가로되 우리가 결박하여 불가운데 던진 자는 세 사람이 아니었느냐 그들이 왕에게 대답하여 가로되 왕이여 옳소이다 왕이 또 말하여 가로되 내가 보니 결박되지 아니한 네 사람이 불 가운데로 다니는데 상하지도 아니하였고 그 네째의 모양은 신들의 아들과 같도다 하고"(단3:24-25)

예수님을 믿다가 환란 속으로, 외로움 속으로 밀어 넣음을 받을 때 낙심하지 마시고, 오히려 풀무 같은 시험의 장소가 하나님을 만나는 장소가 됩니다.

영원한 생명이 활동하는 자들에게는 육체의 생명과 삶도 하나님의 능력으로 새롭게 됩니다. 행복은 예수 안에서 보장됩니다.

문) 생명의 위협이나 상황이 어려웠을 때를 이야기하고 그 때 어떻게 극복을 했는지 서로 이야기해 봅시다.

3. 생명이 있는 자가 환경을 이길 수 있습니다.

생명 있는 나무는 장마와 가뭄에도 성장을 위해 노력합니다. 그러나 죽은 나무는 장마와 가뭄이 썩는 것을 더 촉진시킵니다. 살아 있는 물고기는 바닷물에 살아도 속살이 짜지지 않습니다. 그리고 바다 속에서 먹이를 찾고 바다를 헤엄치면서 새끼를 낳고 키우지만 죽은 고기는 겉도 속도 짜고 바다 속에서 고기밥이 됩니다.

성도가 예수님의 생명을 가진다면 그는 환난이나 고통, 부(富)가 와도 성장하고 하나님께 더 큰 영광을 돌리게 될 것입니다.

"내가 진실로 진실로 너희에게 이르노니 내 말을 듣고 또 나 보내신 이를 믿는 자는 영생을 얻었고 심판에 이르지 아니하나니 사망에서 생명으로 옮겼느니라 진실로 진실로 너희에게 이르노니 죽은 자들이 하나님의 아들의 음성을 들을 때가 오나니 곧 이 때라 듣는 자는 살아나리라 아버지께서 자기 속에 생명이 있음 같이 아들에게도 생명을 주어 그 속에 있게 하셨고"(요5:24-26)

"예수께서 가라사대 내가 곧 길이요 진리요 생명이니 나로 말미암지 않고는 아버지께로 올 자가 없느니라"(요14:6) "다른 이로서는 구원을 얻을 수 없나니 천하 인간에 구원을 얻을 만한 다른 이름을 우리에게 주신 일이 없음이니라 하였더라"(행4:12)

사명이 있는 사람은 타락하지 않습니다. 내가 어떻게 살아야겠다는 꿈과 하나님의 미래에 대한 확신이 있기 때문에 하나님을 바라보고 승리할 수 있습니다. "누구든지 제 목숨을 구원코자 하면 잃을 것이요 누구든지 나를 위하여 제 목숨을 잃으면 찾으리라"(마16:25)입니다. 육신의 생명은 하나님의 영광을 위해 죽고자 할 때 살고 큰 자가 될 수 있습니다. 꿈을 가집시다.

적용하기

⇨ 생명의 기준은 무엇입니까?

⇨ 요한복음 5장에서 영생의 조건은 무엇입니까?

⇨ 물과 성령으로 거듭나지 못하는 자가 물질과 정욕에 실패하는 원인이 무엇이라고 생각하십니까?

⇨ 신앙생활에 대한 각자의 꿈을 이야기합시다.

축복의 원리 십일조

"만군의 여호와가 이르노라 너희의 온전한 십일조를 창고에 들여 나의 집에 양식이 있게 하고 그것으로 나를 시험하여 내가 하늘 문을 열고 너희에게 복을 쌓을 곳이 없도록 붓지 아니하나 보라"(말3:10)

자신에게 주어진 모든 수입의 10분의 1을 하나님께 감사한 마음으로 바치는 일입니다. 예를 들어 월급이 100만원인데 원천 징수액을 제하고 실수령액이 85만원이었을 경우 온전한 십일조는 8만 5천원이 아니고 사람이 손대기 전 100만원의 십일조 곧 10만원이 온전한 십일조입니다. 이렇게 몇 년을 꾸준히 하면 결코 가난한 자가 없을 것입니다.

십일조는 하늘의 복의 창고를 여는 행위입니다. 하나님의 약속은 영원 불변합니다. 우리가 가진 모든 것은 하나님께 속한 것이며 그 분은 우리의 심중에 거하십니다. "만군의 여호와가 이르노라 내가 나의 정한 날에 그들로 나의 특별한 소유를 삼을 것이요 또 사람이 자기를 섬기는 아들을 아낌 같이 내가 그들을 아끼리니"(말3:17)

우리가 십일조를 드릴 때 하나님은 공급하시며 채워주시므로 믿음으로 드려야 합니다. "아무 것도 염려하지 말고 오직 모든 일에 기도와 간구로, 너희 구할 것을 감사함으로 하나님께 아뢰라 그리하면 모든 지각에 뛰어난 하나님의 평강이 그리스도 예수 안에서 너희 마음과 생각을 지키시리라"(빌4:6-7) 그러므로 십일조는 신앙이며 영적, 육적인 축복의 근원이 됩니다.

믿는 자에게 임한 말씀

요일 5:13-17

(요절) "그를 향하여 우리의 가진바 담대한 것이
이것이니 그의 뜻대로 무엇을 구하면
들으심이라"(14)

찬송 : 253장

본문에 들어가기 전에

⇨ 13, 14절에서 요한은 우리에게 어떠한 확신을 주고 있습니까?

⇨ 요한일서를 쓴 목적이 나오는 구절을 써 봅시다.(13)

본문에 충실하기

지난번 말씀에 "아들이 있는 자에게는 생명이 있고 하나님의 아들이 없는 자에게는 생명이 없느니라"(요일5:12) 라고 했습니다.

전 세계에 하나님의 형상으로 지음받은 사람이 60억 명이라고 합니다. 우리도 그 사람 가운데 한 명으로 들어 있습니다. 그 중에는 하나님의 택한 백성으로 예수 그리스도를 믿음으로 구원 얻은 사람도 있습니다. 그 사람은 하나님께로서 난 자입니다.

"대저 하나님께로 난 자마다 세상을 이기느니라 세상을 이긴 이김은 이것이니 우리의 믿음이니라"(요일5:4) 거듭난 것은 신비입니다. 물과 피와 성령으로 임한 것입니다. 세상에서 가장 귀하고 아름다운 것으로 태어났습니다. 그러므로 이렇게 태어난 사람은 세상을 이긴다고 했습니다. 정욕, 명예, 욕심 그 모두 다 이길 수 있습니다.

"모든 성경은 하나님의 감동으로 된 것으로 교훈과 책망과 바르게 함과 의로 교육하기에 유익하니 이는 하나님의 사람으로 온전케 하며 모든 선한 일을 행하기에 온전케 하려 함이니라"(딤후3:16-17)

아버지의 편지를 다른 아들이 받으면 별 의미가 없습니다. 그러나 아들이 받으면 가슴 뭉클한 사건이요, 깊이 읽어야 될 아름다운 것입니다. 아버지의 마음에 드는 아들이 되려면 편지 쓰신 동기와 목적뿐만 아니라 가슴 깊이에서 끓어오르는 아버지의 사랑을 느낄 수 있어야 할 것입니다. 우리는 말씀을 들을 때 나에게 주신 말씀으로 받아야 합니다. 하나님은 말씀으로, 환경으로, 용서를 통해 자신에게 속한 백성을 보호하시길 원하고 있습니다. 오늘 본문에도 믿는 자가 영생이 있음을 알기를 원했습니다. 또 뜻대로 구하면 하나님이 들으심을 말씀하셨습니다.

문) 사람이 짓는 죄 중에는 사망에 이르는 죄가 있고 사망에 이르지 않는 죄가 있습니다. 어떤 죄가 사망에 이르는지 말하여 봅시다.

1. 하나님의 아들을 믿는 자에게 말씀을 주십니다.

"내가 하나님의 아들의 이름을 믿는 너희에게 이것을 쓴 것은 너희로 하여금 니희에게 엉생이 있음을 알게 하려 함이라"(요일5:13)

'믿는 너희에게 이것을 쓴 것은' 사랑의 대상도 믿는 자요, 보호의 대상도, 영생을 알릴 자도 믿는 자입니다. 신약뿐 아니라 구약성경에도 택한 백성을 위해 말씀을 주셨습니다.

"야곱아 너를 창조하신 여호와께서 이제 말씀하시느니라 이스라엘아 너를 조성하신 자가 이제 말씀하시느니라 너는 두려워 말라 내가 너를 구속하였고 내가 너를 지명하여 불렀나니 너는 내 것이라 네가 물 가운데로 지날 때에 내가 함께 할 것이라 강을 건널 때에 물이 너를 침몰치 못할 것이며 네가 불 가운데로 행할 때에 타지도 아니할 것이요 불꽃이 너를 사르지도 못하리니 대저 나는 여호와 네 하나님이요 이스라엘의 거룩한 자요 네 구원자임이라 내가 애굽을 너희 속량물로 구스와 스바를 너의 대신으로 주었노라"
(사43:1-3)

성경은 택한 백성에게 주신 것입니다. 성경은 우리에게 지식을 더하게 하기 위하여 주신 책이 아니라 우리에게 믿게 하려고 주신 책입니다. 그러나 세상적으로 따지기를 좋아하고 교만한 마음으로 성경을 대하면 이해가 되지 않습니다. 하나님은 믿는 자에게 관심을 가지고 계십니다. 믿음있는 자는 그 능력과 교훈 앞에 아멘만 할 것입니다.

문) 디모데후서 3장16절을 한 번 써 보고 둘 씩 짝지어서 외워 봅시다.

2. 믿는 사람의 구함에 하나님은 응답하십니다.

"그를 향하여 우리의 가진 바 담대한 것이 이것이니 그의 뜻대로 무엇을 구하면 들으심이라 우리가 무엇이든지 구하는 바를 들으시는 줄을 안즉 우리가 그에게 구한 그것을 얻은 줄을 또한 아느니라"(요일5:14-15) 성도는 담대하게 하나님께 나가 간구할 수 있습니다. 그러나 '그의 뜻대로'라는 단서가 있습니다.

"구하여도 받지 못함은 정욕으로 쓰려고 잘못 구함이니라"(약4:3) 욕심에 붙잡혀 구하는 것을 주면 그것으로 더욱 타락하기 때문에 우리에게 사랑의 동기에서 주시지 않는 것입니다. 하나님은 성도를 바로 세워서 영생하여 영원히 누릴 목적을 가지게 하시기 때문입니다.

우리 부모님들이 때로 자녀들의 요구를 들어주지 않는 것도 자녀를 위해서일 것입니다. 칼이나 오토바이 등 위험하다고 생각되는 것은 사 주지 않습니다. 성도는 기도하기 전에 하나님의 뜻을 먼저 알아야 됩니다. 하나님의 뜻을 성경에서 찾을 수 있습니다. 또 성경 원리와 섭리에서 찾기도 합니다. 그리고 그 나라와 의를 구하는 중에 찾을 수 있습니다. 신앙에 유익이 있는가, 교회에 유익이 있는가, 전도와 기도 그리고 사람에게 유익이 있는가를 잘 살펴보면 하나님이 기뻐하시고 응답하시는 기도를 할 수 있습니다.

"가라사대 너희 믿음이 적은 연고니라 진실로 너희에게 이르노니 너희가 만일 믿음이 한 겨자씨만큼만 있으면 이 산을 명하여 여기서 저리로 옮기라 하여도 옮길 것이요 또 너희가 못할 것이 없으리라"(마17:20)

"그러므로 내가 너희에게 말하노니 무엇이든지 기도하고 구하는 것은 받은 줄로 믿으라 그리하면 너희에게 그대로 되리라"(막11:24) 믿음의 기도는 꼭 이루어집니다.

문) '겨자씨 만한 믿음'이라고 했는데 믿음을 겨자씨에 비유한 이유는 무엇이라고 생각하십니까?

겨자씨는 볼펜으로 점을 찍어 놓을 정도로 모든 씨 중에서도 가장 작은 씨입니다. 그런데 이를 밭에 심으면 4~5m나 되는 큰 나무로 자라나 피곤하고 지친 새들이 찾아와 깃들어 안식을 얻습니다.

* 겨자씨에 관한 예화

스코틀랜드에서 있었던 일입니다.
사람들 앞에서 커다란 각광을 받지 못하는 두 목사님이 앉아서 자신의 피곤한 목회 생활을 이야기했습니다.

한 목사님이 말했습니다.
"나는 지나간 3년 동안 사역을 했지만 사실 진정한 의미에서 거듭난 성도는 로버트 마펫이라는 청년 한 사람밖에는 아직 얻지 못했습니다."
그러자 또 다른 목사님이 말했습니다.
"나는 최근에 우리 교회에서 한 주간 동안 부흥회를 가졌는데 커다란 기대를 걸고 이 집회를 인도했지만 한 사람밖에는 얻지 못했습니다."
그런데 수년 후 놀라운 사건이 일어났습니다. 이 한 목사님을 통해서 3년 만에 얻었던 한 명의 결신자 로버트 마펫은 아프리카 선교의 기초를 놓았던 선교사가 되었고, 일주일간의 부흥 집회를 통해서 얻었던 유일한 결신자인 리빙스턴은 아프리카 대륙에 예수 그리스도의 복음의 불을 지피는 위대한 하나님의 사람이 되었습니다.

하나님의 나라는 하나의 작은 겨자씨로부터 시작됩니다.

3. 형제의 죄사함을 위해 기도해야 합니다.

"누구든지 형제가 사망에 이르지 아니한 죄 범하는 것을 보거든 구하라 그러면 사망에 이르지 아니하는 범죄자들을 위하여 저에게 생명을 주시리라 사망에 이르는 죄가 있으니 이에 대하여 나는 구하라 하지 않노라 모든 불의가 죄로되 사망에 이르지 아니하는 죄도 있도다"(요일5:16-17)

사도 요한은 본문에서 죄를 두 가지로 지적하고 있습니다. '사망에 이르지 않는 죄'는 중생한 신자가 짓는 죄를 말합니다. 예수 그리스도를 믿으면서 욕심과 혈기를 버리지 못하고 세상에 빠져서 사는 죄인입니다. 집안에서 부모님을 인정하면서 잘못하는 자녀는 매는 맞아도 아버지의 유산도 받고 보호도 받습니다. 그와 같이 예수 안에 있는 자는 "내가 진실로 진실로 너희에게 이르노니 내 말을 듣고 또 나 보내신 이를 믿는 자는 영생을 얻었고 심판에 이르지 아니하나니 사망에서 생명으로 옮겼느니라"(요5:24) "예수께서 가라사대 나는 부활이요 생명이니 나를 믿는 자는 죽어도 살겠고 무릇 살아서 나를 믿는 자는 영원히 죽지 아니하리니 이것을 네가 믿느냐"(요11:25-26)

하나님과의 관계에서 예수 그리스도가 중보자로 있으므로 과거, 현재, 미래의 죄가 용서됩니다.

사망에 이르는 죄는 불택자의 죄입니다. 그리스도를 믿지 않는 죄는 결코 용서받을 수 없습니다. "죄의 삯은 사망이요 하나님의 은사는 그리스도 예수 우리 주 안에 있는 영생이니라"(롬6:23)

이 불택자는 하나님을 믿지 않습니다. 하나님 아버지를 믿지 않으므로 성도들과 내적으로는 완전히 이방인입니다. 그리고 완전히 대적만 합니다. 여러분 가정에 함께 할 수 없는 자가 있을 것입니다. 부모를 부모로 믿지 않는 자, 형제를 혈육으로 인정하지 않는 자는 아무리 착해도 가족이 될 수 없습니다. 그와 같이 교회에서 하나님을 아버지로, 예수 그리스도를 구주로 믿지 않는 사람은 사망에 이르는 죄를 범한 자입니다. 예수 그리스도가 없는 사람은 영이 죽은 자요, 다음에는 둘째 사망인 지옥에 들어갈 자입니다. 이런 자를 위해서 기도하는 것은 하나님의 뜻에 맞지 않는 것입니다. 예를 들어 이단을 축복하고 믿음 없는 자에게 복 달라고 하는 것은 하나님의 뜻이 아닙니다. 아들이 아닌 청년에게 아들이 아버지를 향해 유산을 주어야 된다고 한다면 아버지는 무엇이라고 하겠습니까? 그는 내 아들이 아니라고 하면 그만인 것입니다.

"너희는 내 양이 아니므로 믿지 아니하는도다"(요10:26) "이방인들이 듣고 기뻐하여 하나님의 말씀을 찬송하며 영생을 주시기로 작정된 자는 다 믿더라"(행13:48)

우리는 생명이 있습니다. 하나님의 보호가 지금도 말씀으로 임하고 있습니다. 우리를 살리시고 서로 사랑하라 명하시고 행복하게 살기를 원하십니다. 그리고 우리 모두에게 무엇을 요구하고 계십니다. 학생에겐 공부 열심히 해서 세상에서의 선택의 기준을 넓히도록 말씀하십니다. 그리고 부모들에게, 자녀들에게, 믿는 우리에게 세상에서 빛과 소금이 되도록 명하십니다. 믿는 우리는 말씀을 항상 보고 하나님의 뜻을 찾아야 합니다. 그리고 순종함으로 아버지의 능력을 체험해야 합니다. 요즘에 유행하는 언어가 있습니다. 무늬만 나무, 무늬만 국산이라는 말을 들을 때 혹시 무늬만 크리스천이 아닌지도 생각해야 합니다. 하나님 보시기에, 사람 보기에도 정결하게 살아야합니다.

문) 각자 제일 좋아하는 성경구절을 말하고 그 말씀에 은혜되는 부분에 대해서 서로 이야기 해 봅시다.

적용하기

⇨ 우리가 드리는 기도가 응답을 받으려면 어떻게 기도를 드려야 합니까?

____

____

⇨ 하나님 뜻에 어긋나는 기도는 어떤 기도가 있습니까?

____

____

◎ 군포제일교회 주보에 나타나 있는 교회가 건강한 이유 ◎

1. 헌신과 의무인 십일조의 수와 감사의 표현인 감사 연보와 생활의 표현인 복지 연보의 수가 거의 비슷합니다.
2. 강해 설교를 함과 동시에 설교 내용 요약이 아닌 전문이 나옵니다.
3. 목회자의 시와 수필, 칼럼이 있는 문학이 있는 교회입니다.
4. 24시간 기도 및 일만제단 등 기도가 끊이지 않는 교회입니다.
5. 그 주 배운 말씀으로 삶에 실천할 수 있는 구역 성경공부가 있습니다.
6. 유년부, 소년부, 학생부, 청년부, 장년부, 노년부등 연령층이 골고루 있는 함께 섬기는 교회입니다.
7. 구역예배 통계에 성경 읽는 난이 있습니다. 성경 읽기를 생활화하는 교회입니다.
8. 사단법인 성민원을 통하여 노인복지회관, 가정파견센터, 주간보호, 푸드뱅크, 노인상담소, 선교원등 여러 기관이 있어 사랑을 실천하는 것을 알 수 있습니다. 사람 사랑하는 것은 신앙의 열매입니다.

교회에서 성도들의 가정에 심방을 할 때가 있습니다. 심방이란 '질문하다, 조사하다, 배우다' 라는 뜻이 있습니다. 그러므로 심방은 가정이나 개인이나 사업체에 방문해서 형편이나 여러 가지 등을 묻고 하나님의 은혜가 함께 하기를 간절히 기도하며 주님의 형상을 닮아가도록 권면을 하고 문제점이 있으면 신앙으로 이겨 나가도록 돕는 일입니다.

1. 영혼을 사랑하는 마음으로 기도로 준비하여야 합니다.
2. 복장은 단정하게 합니다.
3. 자기 자랑이나 자기 주장을 피하는 것이 좋습니다.
4. 환자 심방시에는 슬픔, 실망의 표정을 피하는 것이 좋습니다.
5. 시간을 잘 지키고 심방예배 때의 말씀은 설교식보다는 편안하게 하는 것이 좋습니다.
6. 심방자 개인의 사정, 곤란한 이야기보다는 신앙적으로 힘을 주는 것이 좋습니다.
7. 구역원이나 교인끼리 계를 조직하는 심방은 절대 하지 않는 것이 좋습니다.
8. 서로간에 대화시에는 서로 존중어를 쓰는 것이 좋습니다.
9. 심방 시 만나지 못했을 경우 간단한 안부 인사라도 남기고 오는 것이 좋습니다.
10. 심방 후 성도의 어려운 사정은 담임목사에게 꼭 알려서 기도를 받도록 하는 것이 좋습니다.
11. 대접은 감사히 받고 영광을 하나님께 돌립니다.
12. 심방 후 세속적이고 육적인 말보다는 서로 권면을 아끼지 말고 혹 사담을 나누었을 경우 꼭 기도로 마무리를 하고 나옵니다.

성도의 신분과 소속

요일 5:18-21

요절 "또 아는 것은 우리는 하나님께 속하고
온 세상은 악한자 안에 처한 것이며"(19)

찬송 : 221장

본문에 들어가기 전에

⇨ 악한 자가 우리를 만나지도 못하게 하려면 어떻게 해야 합니까?(18)

⇨ 우리에게 지각을 주사 참된 자를 알게 하신 이는 누구십니까?

⇨ 우상을 멀리 하려면 자신을 지켜야 하는데 자신은 어떻게 지켜야 합니까?

본문에 충실하기

요한일서 강해를 통해 하나님과의 관계를 알게 했습니다. 또 하나님이 우리에게 주신 사랑의 분량과 깊이를 알게 하셨습니다.

"저는 우리 죄를 위한 화목 제물이니 우리만 위할 뿐 아니요 온 세상의 죄를 위하심이라"(요일2:2)

또 형제의 진정한 사랑에 대해서도 교훈하셨습니다. "그의 형제를 사랑하는 자는 빛 가운데 거하여 자기 속에 거리낌이 없으나 그의 형제를 미워하는 자는 어두운 가운데 있고 또 어두운 가운데 행하며 갈 곳을 알지 못하나니 이는 어두움이 그의 눈을 멀게 하였음이니라"(요일2:10-11)

부모가 자녀를 부끄러움에 버려두지 않으시려는 것 같이 하나님은 택한 백성이 이 땅에서 빛된 삶을 살기를 원하고 있습니다. "자녀들아 이제 그 안에 거하라 이는 주께서 나타내신 바 되면 그의 강림하실 때에 우리로 담대함을 얻어 그 앞에서 부끄럽지 않게 하려 함이라"(요일2:28)

그뿐 아니라 교제의 특징인 사랑을 강조하고 있습니다. "자녀들아 우리가 말과 혀로만 사랑하지 말고 오직 행함과 진실함으로 하자 이로써 우리가 진리에 속한 줄을 알고 또 우리 마음을 주 앞에서 굳세게 하리로다"(요일3:18-19)

그리고 주 안에 거하는 방법을 알게 했습니다. "그의 계명은 이것이니 곧 그 아들 예수 그리스도의 이름을 믿고 그가 우리에게 주신 계명대로 서로 사랑할 것이니라 그의 계명들을 지키는 자는 주 안에 거하고 주는 저 안에 거하시나니 우리에게 주신 성령으로 말미암아 그가 우리 안에 거하시는 줄을 우리가 아느니라"(요일3:23-24)

믿는 사람에게는 지옥 갈 죄가 없습니다. 예수 그리스도의 보혈로 죄 사함을 받을 수 있습니다. 택한 백성이 받는 영광은 상상을 초월한 것입니다. 하나님께서 사도 요한을 통해 말씀하신 요한일서의 결론을 통해 은혜 받기를 바랍니다.

문) 하나님께로서 난 자의 특징을 써 봅시다.(18)

____

____

____

1. 하나님께로서 난 자는 범죄하지 않는다고 했습니다.

"하나님께로서 난 자마다 범죄치 아니하는 줄을 우리가 아노라 하나님께로서 나신 자가 저를 지키시매 악한 자가 저를 만지지도 못하느라"(요일5:18)

이 구절에서 세상에는 하나님께로서 난 자는 범죄하지 않는다고 말합니다. 이 말을 잘못 해석하는 이들이 신앙에서 탈선하는 것을 보았습니다. 어떤 사람들은 이 본문을 읽고 '아! 내가 구원받았지 그러니까 나는 죄를 짓지 않아, 나는 완벽해. 나는 어떤 상황에도 죄를 짓지 않아!' 라고 하다가 욕심으로 넘어지고 여러 가지 고난으로 넘어진 사람들이 교회 역사에 있었습니다. 그러나 이 구절은 '영혼은 중생했으나 육신이 구습으로 인하여 자꾸 세상에 빠져 들어간다' 라는 해석으로 받아들이는 것이 좋습니다. 우리는 구원을 받았음에도 육신이 약하고 세상이 악해서 자꾸 넘어지게 됩니다. 그러나 세상에서 만나는 환란은 우리를 힘들게 하지만 그런 환경과 사건 속에서 구원받은 우리가 점점 성장해 갑니다. 택한 백성은 절대로 버림을 받지 않습니다.

문) 예수님이 오시기 전의 사람들은 어떻게 구원을 받을까요?

2. 우리의 소속은 하나님의 나라입니다.

"또 아는 것은 우리는 하나님께 속하고 온 세상은 악한 자 안에 처한 것이며 또 아는 것은 하나님의 아들이 이르러 우리에게 지각을 주사 우리로 참된 자를 알게 하신 것과 또한 우리가 참된 자 곧 그의 아들 예수 그리스도 안에 있는 것이니 그는 참 하나님이시요 영생이시라"(요일5:19-20)

우리는 하나님께 속했습니다. 소속이 매우 중요합니다. 정치하는 사람들을 보면 소속 당에 의해 후원금과 발언권의 차이가 있습니다. 또 외국에 나가보면 똑같은 지구에 살지만 속한 나라에 따라 누리는 것이 다른 것을 알 수 있습니다. 영의 세계도 마찬가지입니다. 소속에 따라 지배하는 영도 다르고, 그것으로 인해 환경과 내세도 달라집니다. 하나님께 속한 우리는 성령의 지배를 받습니다. 성령을 받게 되면 마음 속에 사랑이 생기고 감사하는 사람이 됩니다. 불평하고 부정적이던 사람이 생각을 바꾸게 됩니다. 남을 나보다 낮게 여기게 되고, 심령의 즐거움이 있게 되고, 언제나 너그러움이 있게 되고, 남의 허물을 용서할 수 있는 마음이 생기게 됩니다.

소속이 중요한 또 다른 이유는 하나님께 속한 자는 하나님의 주권 아래 살고 죽어서는 천국에 가게 됩니다.

문) 하나님께 속하였다고 생각을 하십니까? 그렇다면 하나님께 속해서 좋은 이
유를 몇 가지만 써 봅시다.

3. 하나님의 자녀가 된 자는 우상을 멀리하라 했습니다.

"자녀들아 너희 자신을 지켜 우상에서 멀리하라"(요일5:21)

하나님은 우리를 외적으로 지키십니다. 또 우리를 내적으로 지키기 위해 말씀을 주셨습니다. "지켜"를 다시 표현하면 "경계"라는 말입니다. "그 지경에 목자들이 밖에서 빔에 자기 양 떼를 지키더니"(눅2:8) 이 때를 지킴같이 지키라는 의미로 사용될 수도 있습니다. 우상은 하나님의 큰 진노를 일으키는 것입니다.

"자기 생명을 사랑하는 자는 잃어버릴 것이요 이 세상에서 자기 생명을 미워 하는 자는 영생하도록 보존하리라"(요12:25) 지키는 방법은 때로는 생명을 걸어야 합니다.

"디모데야 네게 부탁한 것을 지키고 거짓되이 일컫는 지식의 망령되고 허한 말과 변론을 피하라"(딤전6:20)

바울이 디모데에게 말씀을 지키라고 했습니다.

하나님의 명령은 우상을 섬기지 말라는 말씀을 지키고 하나님의 자녀답게 살라는 것입니다. 구약의 다니엘의 친구들은 느브갓네살의 우상에게 절하지 않았습니

다. 많은 고통을 받았지만 그것으로 인해 더 큰 사람이 되었습니다. 오늘날의 우상은 하나님보다 사랑하는 모든 것이 우상입니다. 때로는 돈, 명예, 자녀나 가족 등이 우상이 될 때가 있습니다. 그것으로 인하여 자신의 믿음이 파손되고 하나님의 징계의 무서운 고통을 겪기도 합니다.

사랑하는 여러분!
하나님이 여러분을 지키심을 믿어야 합니다.
여러분과 제가 소속한 교회와 가정에 대해 감사해야 합니다. 그뿐 아니라 하나님의 자녀가 되었으면 하나님 나라의 가치관을 가지고 생명없는 우상에게 절하지 말아야 합니다. 영혼이 소중합니다. 생명이 소중합니다. 여러분이 소중합니다. 그러므로 하나님과 교회와 가정 그리고 사회가 소중합니다. 우리는 믿음으로 살고 있다는 자체에 감사하면서 기뻐하는 자가 되기를 바랍니다.

문) 십계명 중 제 2계명이 무엇인지 말하여 봅시다.(출20:4-6)

그리고 제 2계명에서 금하시는 것이 무엇입니까?

■ 예수님의 성품을 본받고 예수님의 사랑을 실천할 수 있도록 힘을 달라고 기도합시다.

적용하기 (요한일서 다시·한 번 읽고 답을 생각해 봅시다.)

1. 우리는 어떻게 마음 속의 우상을 지울수 있습니까?

2. 우리는 어떻게 영적 생활을 충실히 할 수 있습니까?

3. 주님과 동행을 하려고 하면 어떻게 해야 할까요?

4. 예수님을 믿는다고 하면서 자기를 사랑하지 않는 사람에게 어떻게 권면을 해야 할까요?

5. 하나님의 자녀가 된 자는 어떤 열매를 맺어야 할까요?

6. 구원받은 사람은 처음으로 하나님께 무엇을 고백하여야 할까요?

7. 믿는 자에게 대적은 무엇일까요?

8. 자연계에 나타나는 말세의 징조에는 어떤 것이 있을까요?

9. 세상이 우리를 알지 못함은 누구를 알지 못하는 것일까요?

10. 하나님이 기뻐하시는 사람은 어떤 사람일까요?

11. 우리가 사랑을 할 때는 어떻게 사랑을 해야 할까요?

12. 어떤 자에게 기도의 응답이 있다고 했습니까?

13. 말세에는 무엇에 미혹을 받지 말라고 하셨습니까?

14. 하나님을 대적하는 것에는 무엇이 있습니까?

15. 하나님께 속한 영이 하는 일은 무엇입니까?

16. 원죄는 언제부터 생겼습니까?

17. 하나님께서 엘리야를 누구의 집에 보냈습니까?

18. 믿음이 있는 자는 어떤 실력이 있습니까?

19. 모든 성경은 하나님의 감동으로 무엇하기에 유익합니까?

20. 죄에는 어떠한 죄가 있습니까?(두 가지 종류)

21. 우리의 소속은 어디입니까?

22. 다니엘의 세 친구의 이름은 무엇입니까?

■ 요한일서 구역공과를 통하여 답을 해 주신 것을 감사를 드립니다.
삶으로 연결되는 힘 있는 믿음으로 인하여 어려운 환경을 이기고
승리하셨습니다.

소그룹 및 개인용 성경공부 교재

요한일서 사랑의 능력

초판발행 : 2003년 8월 8일
지 은 이 : 권 태 진
감　　수 : 오 덕 교
발 행 처 : 도서출판 성빛
주　　소 : 경기도 군포시 금정동 870-10
전화/팩스 : 031)397-6754 / 397-9241
홈페이지 : www.gunpojeil.org

ISBN 89-87187-13-0